阔　步　走　大　道

温　故　知　金　牛

跨越时空的成都文化志

大道金牛

中共成都市金牛区委宣传部　金牛区融媒体中心　东周社　编著

四川文艺出版社

主　　编：彭洪泽　胡建平

副 主 编：刘　钊　刘汉科

总 策 划：周　东

策　　划：冯阿静

编　　导：敖　玲

编　　辑：周洋竹　李慧宇　王寅松　钟　玮　陈　颖

书名题字：马识途

音视频制作：东周社

书法作品：曾来德　王雪梅

绘画作品：姚叶红　李　晖　钱　磊　施秉伟　赵建华

　　　　　魏　葵　周裕国　罗会坪　刘　伟

摄影作品：东周社　冷　冰

供图单位：金牛区融媒体中心　金牛区地方志编纂委员会办公室

　　　　　四川当代油画院　四川当代书画院　成都永陵博物馆

　　　　　成都联创众娱文化

序　语

　　金牛这两个字的组合，曾经是成都平原农业文明欣欣向荣的象征，人们赋予了它吉祥而美好的寓意。而与这名字相呼应的，是从这里孕育出的奋发图强、生生不息的城市精神。

　　追根溯源，金牛区这个名字是有来历的。汉朝时期辞赋家扬雄所作的《蜀王本纪》就记录了历史上著名的"秦开蜀道置金牛"的故事。

　　　　秦惠王欲伐蜀，乃刻五石牛，置金其后。蜀人见之，以为此天牛也，能便金。蜀王以为然，即发卒千人，使武丁力士拖牛成道，致三枚于成都。秦道乃得通，石牛之力也……

　　这头能"便金"的石牛就是通过这条蜀道从秦国来到蜀国的，金牛道因此得名，而放置石牛的地方，就是金牛坝，金牛区也因此得名。

　　"蜀道难，难于上青天"，李白很早以前就为四川做了一个"黑广告"，但他没有乱说，确是事实。在秦入蜀前，四川作为一个

"四塞之国"，还没有像样的陆路通道，只有向东从重庆经三峡夔门走水路出入，向南有条通往云南以及南亚国家的隐秘商道。金牛道这条古代"高速公路"开通之后，六百多公里长的古蜀道从成都北门的起点直奔剑门关，由广元穿秦岭，抵达关中平原——终于将三个天府之地——关中平原、汉中盆地、成都平原，连接起来。金牛道也就成了巴蜀与中原交往的第一大道。通过这条路，中原的铁器、文字和先进的生产技术传到了蜀地，促进了经济与文化的融合。

千百年来，金牛和大道一直都有紧密的关联。到了20世纪30年代，人们开始在金牛道的基础上修建川陕公路，这条路贡献巨大，成为抗战中的一条大动脉、生命线。川军由此北上抗日，留下了多少川籍将士铿锵的步履，大量抗战物资从此运往北方前线，而中国第一条电气化铁路——宝成铁路也是依傍川陕公路修建而成的。位于金牛辖区的成都火车站，是在1952年建成的新中国第一条铁路——成渝铁路开通之时开启了它的交通枢纽使命。改革开放初期，四川作为劳务输出大省，无数川籍民工从这里北上南下，成都火车北站每天人山人海。所以说，金牛区的发展有中国交通变化的缩影，更有成都经济发展的缩影。

"水绿天青不起尘，风光和暖胜三秦。"曾经给蜀道打过"差评"的李白，用这样的诗句为成都点赞、给金牛加分。他的好友杜甫也"跟帖加粉"，对成都第一印象那是极好的——"曾城填华屋，季冬树木苍。喧然名都会，吹箫间笙簧"。他俩对这座城市的点评，对自然环境和人文环境的赞许，绝对不是夸张。府河、沙河、毗河、摸底河、清水河五条河从这里蜿蜒流过，成都城区的两座山——天回山、凤凰山就坐落于区内。著名画家、号称"大走客"的吴一峰先生的十七米长卷《岷江胜概》里就有相关描绘，这也让今天的我们得以鸟瞰20世纪50年代的金牛美景。如此山清水秀，也许是金沙遗址会出现在金牛区的缘故，从金沙遗址出土的大量文物中，我们可以推断当时古蜀人富足的生活状态。比如，沉睡三千年的太阳神鸟金箔、与天地神沟通的神器——十节玉琮、神秘华贵的金面具等。而值得金牛人骄傲的还不止于此，与成都"同岁"的金牛，在三千多年的岁月长河里，留给后世许多文明遗存。在成都博物馆的藏品中，百分之七十都来自金牛区，包括天回镇老官山出土的东汉说唱俑、经穴漆人、竹简医书、蜀锦织机等文物，还有中国唯一的一座地上皇陵——永陵也在金牛。在中国国家博物馆中也有许多金牛出土的文物，这么多文物在金牛出土，那是因为成都的建城史是从西北向东南发展的。所以说，位于成都西北的金牛不仅是古蜀文明的发祥地，也是成都文脉扩散、延续的发源地。换句话说，成都城市文化的根就在金牛。

俗话说："天下文人皆入蜀。"成都文脉当中一种重要的气质就是和谐包容。金牛因为金牛大道这条古代"高速公路"，自古以来就是中原人进入成都的第一站，也是川人北上的始发站。汉代第一才子司马相如第一次离开成都前往帝都长安，就是经由金牛道北上步入仕途的。当他途经成都北郊的一座桥（升仙桥）时，曾立下誓言："不乘赤车驷马，不过汝下也！"此桥后来因此而改称驷马桥。从金牛道走出了才情四溢的司马相如，也迎来了壮志未酬的杜甫，后来杜甫还为石笋街写过一首诗："君不见益州城西门，陌上石笋双高蹲。古来相传是海眼，苔藓蚀尽波涛痕。"另外，刘禹锡为我们留下的那句名言"南阳诸葛庐，西蜀子云亭"涉及的两个人都与金牛区有关。"西道孔子"扬雄在巴蜀大地留下好几处子云亭，其中一处就在金牛的茶店子，人们还用一条街来纪念他——子云路。而金牛的营门口、九里堤得名原因，也和诸葛亮在这里屯兵、治水有关。江山代有才人出，张大千在祖国大陆的最后居所，就在金牛坝金牛宾馆里一处清静小院，这也是成都主城区仅存的、重要的名人故居，他在这里度过了近三年时间，整理在敦煌临摹的壁画，创作了大量作品。而李劼人的《死水微澜》写活了天回镇，把金牛的风俗人情与市井生活描写得细致入微，为我们留下关于近代成都的一部非常真实而生动的文学"纪录片"。

金牛得天独厚的自然条件和一脉相承的人文基因，也培育出了金牛人敢为天下先的精神气度。北宋时，世界上第一张纸币——交子在成都诞生，这是世界经贸史上一个划时代的事件；位于现在金牛区马家花园附近的净众寺是史籍中提到的与交子有关联的地方。20世纪90年代初，中国第一个自发股票市场在金牛区诞生——1993年成都那场被称为"红庙子现象"的自发股市，前半段在红庙子街，后半段则在城北体育公园。此外，沙湾会展中心也是成都会展经济的第一功臣：首届西博会就从这里起步，见证了金牛商圈及成都会展经济的繁荣。

沧海桑田，风云际会。如今，这个以牛的传说而得名的城区，以牛的精神而著称的城区，以"金"的富丽而牛气冲天的城区，在"中优"战略的指导下，正奋蹄疾驰，用金灿灿的大字镌刻着自己的形象——蜀门印象、交子故里、丝路通衢、轨道枢纽、创新高地、科贸之都。

阔步走大道，温故知金牛。这本《大道金牛：跨越时空的成都文化志》，源于一档广播电视节目《东周社·大道金牛》，由"中国金话筒奖"获得者周东担任主讲人。广播电视节目共一百集，在成都电视台首播，腾讯、爱奇艺以及喜马拉雅、蜻蜓、荔枝FM等广泛传播。本书包含第一季十五万字的文稿、五十期的节目量，在历史断层里、在市井烟火里、在街坊记忆里、在财富传奇里、在人气文脉里，讲述一串金牛故事，梳理一条金牛文脉，大"道"一个非一般的"金牛"。

目录

凡立国都，非于大山之下，必于广川之上……

因天材，就地利。

出西门，保平安。

家家锦绣香醪熟，处处笙歌乳燕飞。

花不足以拟其色，蕊差堪状其容。

北有十三陵，南有蜀王陵。

历史断层里的金牛

太阳神鸟飞翔的地方

古蜀文明灿烂辉煌，它兼收并蓄的文化特质，正是当今成都开放多元文化的历史源头。金沙遗址是金牛的骄傲，是成都的骄傲，也是中华文明的骄傲。毫不夸张地说，金沙是成都文化的根。在成都这个具有悠久历史的人文城市里，金沙是一本太过厚重的辞典，值得我们一读再读。在这里出土的上万件文物，有着说不完的故事、有着挖掘不尽的文化宝藏，比如为什么海贝会出现在离海十万八千里的金沙？那些象牙究竟是本土所产还是外地进贡？太阳神鸟金箔的图案里隐藏着古蜀人怎样的崇拜？这些谜题，我们将一一解开。

"金沙"一醒惊天下

想了解一个城市，一定要去它的博物馆，因为那里收藏了这个城市的过去。

外地人来成都，一般不会落下这个地方——金沙遗址博物馆。从2007年对外开放以来，金沙遗址博物馆迎来了上亿人次观者，它深厚的文化内涵，使其成为对古蜀文明感兴趣的人们必来的网红打卡点。甚至有人说，来成都不来这里，就像来成都不吃火锅、串串一样。

这里不像春熙路、太古里那样时尚繁华，也不像武侯祠、宽窄巷子那样诗情画意。但是这里可以让我们读懂成都三千年的历

▲
金沙遗址遗迹馆

史，这里是成都的根。

　　金沙遗址中的遗迹馆，是目前中国保存最为完整的商周时期的大型祭祀遗迹场所。这个遗址，很可能是当年古蜀国国王举行盛大祭祀活动的地方，它似乎让我们看到了古蜀人以前的生活侧面。而它的重见天日，和成都许多文物古迹被发现一样，都源于城市建设和开发。如2000年在商业街发现了战国船棺，2012年在天府广场北侧出土了天府石犀，同年修建成都地铁3号线时发现了老官山汉墓等。2001年的2月，成都金牛区金沙村的一个建筑工地上挖出了许多奇奇怪怪的东西，有人发现泥土中混杂了一些神秘而精美的玉石器物。成都市文物考古研究所的考古人员接到消息后，立即赶到现场，启动了文物保护的紧急预案。经过几天连续奋战，大量的象牙、乌木、玉器、石器、青铜器，还有黄金制品从泥土中被清理出来，数量多达上千件，令人叹为观止。金沙遗址不断出土各种重量级的文物，其中就有古蜀国国王的大金面具。

　　人们出于好奇，提出了疑惑：这些稀世珍宝，怎么有点似曾相识，好像有着广汉三星堆的影子？比如金沙遗址出土的小铜立人，

金沙遗址出土的小铜立人像

三星堆出土的大型立人像

跟三星堆二号器物坑出土的大型立人像就非常相似，只是发型不一样，一个有辫子、一个没辫子。金沙遗址与三星堆遗址之间有什么关联呢？经过多年的研究判断，考古人员推测这些东西都出自遥远的商周时期。根据这些文物的形制，专家进一步推测，金沙遗址应该是古蜀国继三星堆遗址后的又一个都城所在地。因为在近几十年四川的考古史上，只有三星堆的两个祭祀坑中出土过这样的器物，而它们出土的文物之间又有如此高度的相似性。

金沙遗址，这个21世纪极为重要的考古发现，就这样不期而至!

成都之源在金牛

金沙遗址的发现，对于成都意义重大，它将成都的历史从两千三百年向前推进了大约七百年；也填补了古蜀历史研究上的一段空白，开启了古蜀研究的新篇章。历史学家根据金沙遗址的发掘和出土文物推定，大约在三千多年前，以金沙遗址为主要区域的成都中心城区，已经是长江上游的一个政治中心、宗教中心和文化中心，这里聚集了大量的人口，并创造了高度发达的文明，而成都作为一个早期城市已经独立存在。不容置疑，金沙遗址是目前所知成都最早的"城",而且这个"城"的大部分就位于今天的金牛区境内。

古蜀人为什么会选择在这儿建都兴业呢?其实,回溯一下人类几大文明起源就能明白,它们都有一个共同点,即与河流的关联——美索不达米亚的两河流域、埃及的尼罗河流域、印度的印度河流域、中国的黄河和长江流域,这些都是重要的文明起源地,而古蜀人也极有可能最初生活在岷江上游,后来逐渐越过龙门山,顺着湔江,跋涉到广汉的鸭子河,最后来到了成都平原。至于为什么选择在金牛这地方落脚,很大的原因得益于这里的自然环境,因为古人在选择建城地址时,都有极为严谨和充分的考虑。

"凡立国都,非于大山之下,必于广川之上……因天材,就地利。"这是春秋时期政治家、军事家管仲写的《管子·乘马》里面的一句话,意思是说,凡是营建都城,不把它建立在大山之下,也必须建在大河附近。要依靠天然资源,同时还要凭借地势之利。而放在成都来说,这个城址的选择也是非常讲究的。金沙遗址所在的金牛区正处于河流的上游,地理位置相对较高,有着利于生活劳作的天然优势。著名学者任乃强先生曾经这样夸赞成都:

> 若以四川盆地与黄土高原比,则无亢旱之虞;与冲积之江浙平原比,则无卑湿之苦;与三熟之广东平原比,则无水潦之患;与肥沃之松辽平原比,则无霜雪之灾。

清水河和摸底河这两条生命之河,像两条流动的血脉,从岷江进入成都腹地,滋养的第一站就是金牛区,满足了人们灌溉、生产与生活的需求。

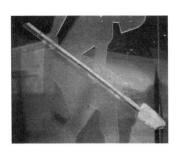

考古专家认为，在成都平原的西面有着龙门山、邛崃山，整体地势西北高、东南低，岷江与湔江等河流在出山口冲积出一片肥沃的平原，为文明的产生奠定下良好的地理条件。定居金牛，是古蜀先民智慧的选择。

金沙遗址出土的文物中，有一件叫作木耜的工具。耜是古蜀人翻土用的，这件木耜长一百四十二厘米，是目前我国保存较为完整的商周时期的木质农具。木耜作为农耕文明发达的象征，帮助我们从侧面推断，当时的金牛早已是一块有利于农业生产的风水宝地了。而现在的城西无论是居住环境，还是交通出行、商贸交易，都是一片乐土。再加上有金沙遗址的文化加持，住在城西，就像住在千年的成都历史文化里。都江堰的水来到成都，最先进入到金牛；岷山吹来的第一缕风也是先到金牛。这上风上水孕育了成都城市文明的火种，也为成都源源不断的创新提供了生生不息的力量源泉。宜居城西，宜居金牛，三千多年来未曾改变。就像今天的成都人乐于选择在城西居住一样，古蜀人早已用他们的行动，证明这是一块适合人居的地方。

吹尽狂沙始到金

每一座城市，或许都会有一个属于自己的鲜亮的标签，要么是厚重的痕迹，要么是独特的山水，要么是有渊源的建筑……每座有文化的城市也都会有自己的文化象征，这个文化象征有可能是文化地标，比如故宫之于北京、西湖之于杭州；有可能是和这个城市发生千丝万缕联系的名人，比如张爱玲之于上海；也可能是这个城市最无声的自然景观，比如法国梧桐之于南京。试想，如果要选一件东西代表成都，我们会选什么呢？是圆滚滚的"卖萌"熊猫，还是无辣不欢的火锅，或者是满城金灿灿的银杏？它们或许在某种程度上都有成都元素，但是放在历史的维度之上，最能代表成都的就是金沙的"太阳神鸟"图案。太阳神鸟金箔是金沙遗址出土的文物中最具代表性的器物，是金沙遗址博物馆的镇馆之宝。2001年2月8日，成都西边的金牛区似乎被一层层光环笼罩，一个神秘的未知世界被打开，三千年以前的古蜀人留下的金器、玉器、石器、象牙等祭祀品揭开神秘面纱赤裸裸地呈现在我们的面前。

这个代表着古蜀人智慧的"太阳神鸟"，从金沙遗址"飞"上了天府立交斜拉桥桥顶，被人们称为"成都之眼"。如今太阳神鸟在成都随处飞舞，是代表成都的城市符号，后来还飞到"中国文化遗产标识"这样一个高度。2005年，它飞得更高，飞到了天空——太阳神鸟图案的蜀绣制品搭载"神舟六号"飞船在太空飞了一遭，真是"不飞则已，一飞惊天下"。

有人从这个图案中提炼出了精神内涵，不仅有诗意，而且还有力量——说这四只神鸟围绕着光芒四射的太阳飞翔，周而复始、循环往复、生生不息，体现了远古人类对太阳及飞鸟的强烈崇拜，生动再现了远古人类"金乌负日"的神话传说，是古蜀人丰富的哲学思想、宗教思想和非凡的艺术创造力、想象力的生动表达。

据金沙遗址考古专家称，太阳崇拜在上古时代是非常普遍的，它几乎存在于古代各个民族的历史中，古蜀也不例外。"太阳神鸟"可以说是中国古代太阳崇拜和太阳神话的最好的实物记录。出现这种太阳崇拜的原因，可能跟古蜀人曾经居住的环境有关系。最早，古蜀人住在岷江上游——现在的阿坝州地区，那里每天都是阳光灿烂的，后来他们来到成都平原后，高山环绕，水气蒸腾，阳光非常少，阴天很多。对太阳的崇拜，是对他们的祖先和曾经生活的地方的一种怀念。

多元文明大融合

岷江出沙金，因此在金沙遗址出现大量金器，这似乎合情合理，但这里竟然发现了玉海贝饰品和象牙，这又该怎么解释呢？在博物馆里，有一千多根象牙随意地堆积着，至少应该取自五百多头雄性亚洲象，这在目前发现的世界史前遗址中绝无仅有。这些象牙很多没有经过加工，最长的一根达一百八十五厘米。为什么成都平原会出土这么多象牙？这儿原本就有大象吗？大象从何而来？这些问题目前考古学界还在探讨。

相比庞大的象牙，玉海贝显得秀气玲珑得多。这些玉海贝的顶端有个小孔，这样一来既能系在脖子上，也能佩戴在腰上。由此看来，当时的古蜀人打扮新潮，成都作为时尚之都也是有出处的。但问题是，远在千里之外的大海才有海贝，岷江发再大的洪水也冲不下来这些贝类物件。考古研究证明，这些象牙和海贝属于南亚象和印度洋海贝，综合推测只有一种可能，就是当时生活在这里的人，已经和沿海地区的人有了联系，住在金牛的古蜀人已经在和印度洋沿岸或者太平洋沿岸的人进行贸易，而且直到今天，这样的贸易形势依然没变，这里依然是成都的商贸大区。

金沙遗址的文物中还有一件十节玉琮，更能说明古蜀人与多种文化交流和相互影响的关系，玉琮的质地、色彩和本地的玉器差别很大，最主要的是，玉琮的造型和纹饰不具备本地特色，显然它不是成都制造；相反，它和长江流域良渚文化的玉器特征一

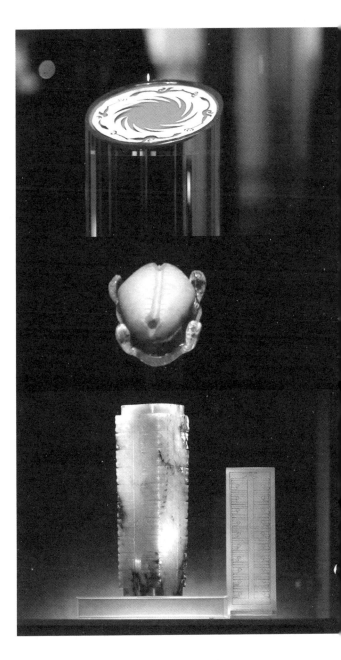

▶ 金沙遗址出土文物　太阳神鸟金箔

▶ 金沙遗址出土文物　玉贝

▶ 金沙遗址出土文物　十节玉琮

致，也就是说，"金沙小妹"和"良渚大哥"曾经私订过终身！"我住长江头，君住长江尾"，尽管他俩时间相差上千年，但一定有一位"红娘"在牵引他们之间的姻缘。

一直以来，总有人说四川盆地地理位置闭塞，古蜀文明是封闭发展的文明。但是金沙遗址的发掘说明了事实并不是这样。学者童恩正曾在《古代的巴蜀》中说成都平原"就南北方向而言，它恰好位于黄河与长江两大巨流之间，就东西方而言，它正当青藏高原至长江中下游平原的过渡地带，又是西部畜牧民族和东部农业民族交往融合的地方"。这种类似于十字路口的特殊地理位置，使成都平原成为各种文化的交汇、交融之地。我们从金牛早已开辟出向北的陆路通道金牛道就能够看出来，中原文明能够进入成都，这里是起点；向西的南方丝绸之路，也是由这里把南亚与中原连接起来。所以古蜀人选择金牛这个地方做人与神沟通的祭祀区，并且在这里定居生活，正是看中了其独特的地理优势带来的文化融合福利。即使在今天，地处国家"一带一路"和长江经济带建设交汇点的成都，不断扩大着"朋友圈"，尤其是地处成都西北的金牛区，在充分发挥交通桥头堡的优势力量，互联互通，深化经贸、产能、金融、人文、社会交流合作，为经济社会可持续发展，创造新机遇、新空间、新平台。

羊子山的余晖

如果你去过成都著名的宽窄巷子，你可能见到过井巷子那道以砖为主题的历史文化景观墙。在这道墙的起点有一块镶嵌在城墙上的夯土十分引人注目。这抔土来自哪儿？为什么墙上会有这样的装置艺术呢？其实，这黄土不是随随便便从哪儿挖来的，而是取自成都羊子山古遗址。这段墙也是按照羊子山土台推测图复原的一段局部斜坡台阶。成都人可能都知道天回山、凤凰山、龙泉山，但这个羊子山，似乎知道的人不多。羊子山在哪儿呢？为什么羊子山的这一抔黄土会出现在成都最知名的文化地标上，而且还与宝墩文明一道成为开启这个城市历史篇章的主角呢？

国家祭台何处寻

从成都北门的驷马桥往北走一公里，在川陕公路旁边，就是传说中的羊子山。为什么是传说？因为现在这里除了一个标明羊子山路的路牌和一个羊子山公交站外，看不见任何山，羊子山的山呢？说是山，其实这儿以前也就是一个大土堆，只有二十多米高，直径一百六十多米，因为以前农民世代在这儿放牧，后来就叫羊子山。

20世纪50年代，修建宝成铁路需要建材，这个土丘旁就建了一个砖瓦厂，就地取材；同时这个土堆也引起了考古界的重视，怀疑这下面可能有一座大墓，于是，砖厂的工人们取土，考古队清理文物，两全其美。最后在土丘中发现了二百一十一座墓葬，时间跨度从战国时期到明代，但文物价值都不大，考古人员还有些失望。因为取土烧砖，这个时候土丘已经很小了，只剩下中心部分。面对这个被层层瓦解的土丘，考古人员有点纳闷，这个土丘既不是大墓，也不是主墓的封土，会不会另有故事呢？先不着急撤，再看看土层还有没有什么特别的地方。这一研究不要紧，一个震惊世界的发现得以确认，原来，这是一座古蜀国的国家祭台。

幸亏考古界以前发现过类似的祭祀台，借助文献资料，考古专家对羊子山土台进行了复原，发现它最初的形状像一个削掉顶端的金字塔，俯瞰很像一个回字形，现在只能推测，这个土台大概十二米高，可能有三级，每级高四米，每级都有登台土阶，用泥草制作的土砖修建而成，在成都博物馆与金沙博物馆收藏有其立体的还原图。这样的祭台形态，与同时期中国其他地区出土的祭台遗址相似，比如良渚文化中的瑶山祭坛、上海青浦的福泉山祭坛。羊子山土台太重要了，这应该是整个成都地区乃至四川省迄今为止发现的同时期唯一的一座地面建筑，也是全国发现的同时期祭坛中规模最大的。这么重要的一座国家祭台，应该是集结了古蜀国当时最优秀的建筑人才精心设计修筑而成。

▶ 羊子山路牌

　　那么这个土台是何时修建的呢？哪一位蜀王在这儿举行过祭天仪式呢？有人推测修建时间可能是西周晚期至春秋前期，但学术争议还比较大，唯一可以确定的是这个土台和开明王有关，但具体是哪一世开明王也很难明确。而关于这个土台废弃时间的意见比较统一，一般认为在战国末期。因为在开明王朝的末期，古蜀人的大型祭天祭祖仪式不再盛行，特别是秦灭巴蜀之后，中原文明进入蜀地，人们的信仰和习俗也发生变化，古蜀国曾经的祭台就此退出历史舞台。

　　其实在羊子山土台的台基下，还埋藏着时间的秘密。这个土台修筑之前是人们生活居住之地，在土台台基下有古人生活的痕迹，现场发掘的五件打制石器就能说明问题。打制石器是旧石器时代晚期的实物，说明至少在公元前一万年就有人在此生活，这比宝墩、三星堆和金沙都要早很多很多。而且这些石器与黄河流域和长江流域多地出土的石器相似，这也从侧面证实了蜀地与中原文化早已有所交流碰撞。

古蜀精神高地

关于羊子山土台为何建在这个方位，也就是成都东北方，考古学家们查阅了很多资料，也没有确切的说法，只能寻找它和其他的祭台有没有共同之处。他们发现祭祀台建筑群的选址都是在依山面水的高岗之上，至于所建方位，羊子山土台坐落方向是北偏西五十五度，和金沙遗址一样呈西北—东南走向。这是不是寓示着成都的先民来自西北岷江上游方向呢？这个未解之谜留给我们很大的想象空间，这里在古时想必是个风水宝地，否则为什么在羊子山土台废弃后，这里会变成了墓葬区呢？而且羊子山土台坐落的川陕公路正是古金牛道在两千多年后的升级版。当年无数沿着金牛道走来的人们在古蜀地这片富饶美丽的大地上生活繁衍，生命终结后，都会选择在成都东北方，也就是离家乡最近的地方长眠，以寄托自己的思乡之情。

经过人们这么一层层、一代代往土台上堆土建坟后，羊子山土台最后被垒成了一个大土丘。在这两百多座墓中出土了不少文物，其中有大量的陶器和青铜器，现在已经摆放在四川博物院，展示的有陶马、陶鸭，还有一些跟生活密切相关的器物，比如铜盘盛水器、铜钫盛酒器等，都是不同时期文明进步的物论。其中盛酒器

▶ 在羊子山土台发掘的五件打制石器

最为特别，是凤鸟纹铜方壶。这个酒器的斗形盖四角装饰有立鸟，鸟儿口中衔有珠子。整个器身纹饰非常繁复，凤鸟长长的尾羽与展开的双翼相交，如果你仔细观察这个凤鸟形象就会发现，这个凤鸟与长沙楚墓出土的凤鸟极为相似，这也从侧面说明巴蜀文化与楚文化的相互交流与融合。而且这一大批随葬青铜器也充分显示出当时蜀地制铜手工业的发达程度和社会文明程度。

在这些砖室墓中，还有一些珍贵的"图片资料"可以为我们还原当时的生活片段。东汉时期，四川地区流行在墓壁上镶嵌具有浓郁生活韵味的画像砖，这些画像砖题材广泛、内容丰富，有对当时物质生活的记录，尤其是在羊子山1号墓出土的盐井画像砖，现藏于中国国家博物馆，这幅画像砖的图案在1955年被制作成了邮票，它生动地描绘了当时四川井盐架采卤、枧管输卤、砌灶置锅、伐薪熬盐的全貌，是研究古代盐业史难得的实物资料。

画像砖不仅有对物质生活的刻画，也有对当时人们精神状态的捕捉，比如在这两幅超长的画像砖上，贵族豪门宴饮观剧，好不热闹，一张略长的琴特别"扯眼球"。这些画像砖可以说是表

盐井画像砖图案邮票

现当时蜀地社会生活的重要又形象的载体，两千年时光，凝结在这方寸之间，烟火成都仿佛就在眼前。

令人惋惜的是，三千多年前曾经矗立在成都平原上高大壮观的羊子山土台，变成了"没图没真相"的遗憾。不过透过井巷子这抔黄色泥土，我们再次嗅到了巴蜀文明的古老气息，古蜀国的历史背影重回我们的视野。羊子山土台作为十二桥文化的重要组成部分，不应该被世人忘却。最新的消息是，羊子山土台遗址的修护和完善工作已经全面展开，但愿会有更多人通过羊子山土台遗址了解到古蜀国悠久的历史文化，这座古蜀人的精神高地将再次成为成都人的骄傲。

▲　羊子山1号墓出土的宴乐画像砖（局部）

斩获中国考古界"奥斯卡奖"

英国BBC新闻网曾经发起过一个活动，评选"20世纪最伟大人物"。在二十八位候选人中，有爱因斯坦、图灵、居里夫人，还有一名来自中国的医药学家屠呦呦，她因发现青蒿素而获得诺贝尔医学奖。BBC对屠呦呦先生的评价极高，认为如果单从拯救生命的数量来衡量一位科学家的伟大程度的话，屠呦呦毫无疑问将成为有史以来最伟大的科学家。屠呦呦的这个发现是在收集整理中国历代医籍、本草、民间方药的基础上，加以现代的医学分析研究和改进，最终取得的。可以说她最初的灵感，就来源于对经典的传统中医药的研究。回顾中国几千年的医学发展，无论是神农尝百草，还是李时珍著医书，我们的前辈皓首穷经，留给了我们无穷无尽的经验和知识宝库。如今中医药文化已在国际舞台绽放出独特的光彩，足以令全世界刮目相看。而更令成都人骄傲的是，在金牛区的老官山，出土过足以在中医历史上值得大书一笔的国之重宝。

汉墓之谜老官山

发掘一个城市的文化，有时我们是通过距离的延伸，以一个个地理坐标的连接，架构起城市的面貌。而有时，我们则是从城市埋藏的地下秘密、从时间的断层中，比如金沙遗址中不同历史时期地层的堆积，来还原对这个城市的历史想象。

老官山，位于成都北郊，天回镇旁。2012年，在修建成都地铁3号线时，成都人与一座沉睡了两千多年的古代墓葬不期而遇。这是一座西汉时期的墓葬，看上去保存得比较完好，这种情况在四川地区来说还是比较罕见的。因为成都是一个冲积平原，水流过后，都是些砂石留存下来，很难有足够的水进入土层，考古人常说："干千年，湿万年，不干不湿就半年。"这句话的意思是说发掘古代墓葬、遗址的时候，这地方如果没有足够的水，文物保存的难度就很大。比如出编钟的曾侯乙墓，还有千年不腐的马王堆汉墓

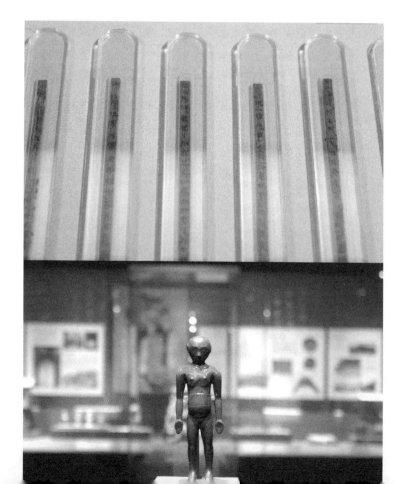

古代医学竹简

经穴漆人

女尸,一打开都是泡在水里的。老官山汉墓,椁室都是由半米厚的上好楠木板镶嵌而成,再用青膏泥包裹,椁室内还垫有厚厚的棕垫,加上墓葬封土黏性较好、保水性强,使得墓葬一直处于饱水状态,众多珍贵文物得以保存下来。当考古人员进入墓室的时候,发现这个墓葬设计、修建得非常精巧而独特。墓主人下葬之前就考虑到后世的盗掘墓因素,所以这些墓葬都经过巧妙的设计,为了防盗,墓主人生前专门在椁室底部做了一个隐蔽的夹层,把随葬宝贝放置在这里。经过清点之后,其发现更是令人惊喜:有九百多支写满文字的古代医学竹简,有一个标注经络线条以及穴位的经穴漆人,还有四部被等比例缩小的蜀锦提花织机模型,全是稀世珍宝!经过长达一年的抢救性发掘,一共清理出西汉时期土坑木椁墓四座,出土了大量漆木器、陶器、铜器和铁器等文物,加上前述的那几件稀世珍宝,直接助力老官山汉墓斩获中国考古界的"奥斯卡奖",成为2013年中国考古六大新发现之一。

能拥有这么多高规格随葬品的汉墓主人,其身份一定不简单,十有八九是一位大人物。考古人员的判断是,这些汉墓椁室有明显的楚国贵族墓葬之风。因为战国时期,楚国墓葬一般都是土坑竖穴,方向有规律性。此外,墓坑上都经过夯打的封土和填土,靠近棺椁的地方也都用青膏泥或白膏泥来密封,保护棺椁内物件。而且还有一个线索直接透露出墓主人的信息:出土的一个漆耳杯的底部写有铭文——"景氏"。

景氏是楚国王室的姓,是从芈姓分衍出来的一支。至此人们不禁发问:当年堂堂楚国的王室,为什么会被埋葬在千里之外的蜀地呢?他们为何来到成都呢?又为什么要把墓葬位置选在老官山呢?

为什么要选址老官山?秦灭巴蜀之后,金牛一带作为成都向北的门户和关口,成为大批移民通过金牛道来到蜀地的第一站,

这其中就有来自六国的贵族们。自秦惠文王开始，"移秦民万家实之"成为秦国的国策。这样大的移民潮，和"实蜀"的政策一直延续到西汉晚期，长达三百余年，可以说是我国历史上最早、持续时间最长、规模最大的一场大移民。据史料记载，西汉初年有景氏一支迁入蜀地，这与墓葬中出土的秦半两与文景时期的五铢钱，时间就能对得上。所以说墓主人极有可能就是来自楚国的景氏族人。

从考古学的角度的来看，3号墓和1号墓分别出土的经穴漆木人与大量医学典籍，说明墓主生前可能是当时官方一位颇有地位的医官，这从他拥有的墓葬规模和医简数量上就可以判断。而出土蜀锦织机模型的2号墓墓主，应该是一位女性，年龄大致在45—50岁之间。这个年龄在西汉时期已经算得上是高寿了。而从保存较好的颅骨来看，这个女性高鼻梁，五官比例协调，说不定是一位美女。而且从墓葬中发掘的猪、牛、鸡和鱼等肉食随葬品也可以看得出来，其家境殷实。不过，尽管这位女主人身份尊贵，但显然她是要亲自参与劳动的，而且强度可能还比较大。为什么这么说呢，因为经过科学的检测，发现她有腰椎病、骨质增生、肘关节炎等疾病，虽然跨越了两千多年的时间，但这些痕迹依然沉淀在她的骨骼之上。同时，四部被等比例缩小的织机也说明，她确实是个勤劳的"白富美"。她极有可能生前长期从事蜀锦织造的工作，有高超的织造工艺技术，所以她才会这么刻意的把自己心爱的织机缩小了，带到另一个世界去。

　　来自楚国的景氏家族怎么会把墓葬安置在老官山这个地方？俗话说，落叶归根，他们应该回到楚地才对，无论是王侯将相、钟鸣鼎食，还是家贫如洗、三餐不继，走到生命的尽头，中国人讲究的是魂归故里。其实这个问题也不难回答。金牛道对那个年代的每一个异乡人来说，都是通向故乡的回家之路。天回镇是古金牛道出成都后的第一座驿站，也可以说这里是他们离家乡最近的地方，将墓葬安放于此，就是为了让心永远朝着故乡的方向。人一辈子，或许都是在故乡与异乡中拉扯。哪一个故乡，不曾是异乡？我们不断地出发和追求，把异乡变成了故乡，只是多了一个让人魂牵梦绕的地方。古时中国的许多文人骚客在被贬谪之后，会有一种随遇而安的心态，就是"此心安处是吾乡"，这是东坡先生曾有的情怀。更何况今天有更多在成都在金牛奋斗打拼的人，有着更加豁达的胸襟——这里最初可能不是自己的故乡，但现在我们不是异乡人，这里是我们落脚和奋斗的地方，这里就是我们的故乡。我们不仅借天府之国的神韵发展自我，也会把自己的创造、能量贡献给这片养育我们的土地。

濯锦江边两岸花

　　在2019年央视的一期《国家宝藏》节目里，一幅精美绝伦的"五星出东方利中国"织锦护臂一出场，就引得主持人和观众连连惊呼。这个著名的织锦纹样上有凤凰、鸾鸟、麒麟、白虎、芝草、庆云、五星等图案，色彩之斑斓，织工之精细，让人叹为观止。尽管节目中展示的是复制品，但来头也不简单，它是中国丝绸博物馆花费三年时间复原汉代织机，以"原汁原味"的汉代工

序织造而成。而这部能织就如此复杂图案的织机的原型，就诞生于两千多年前的成都，就出自金牛区的老官山。

秦汉时期成都因蜀锦织造举世闻名，留下了"锦官城"的美名，也就是诗圣杜甫"晓看红湿处，花重锦官城"的美丽城市。西汉时成都的蜀锦，不仅质量上乘、色彩艳丽，而且图案丰富、创意无限，算得上是真正有地方特色又能代表国家水准的顶级奢侈品。西汉时期著名辞赋大家扬雄在《蜀都赋》就曾这样描写过蜀锦："若挥锦布绣，望芒兮无幅，尔乃其人，自造奇锦，紃缥緟绚，繐缘卢中，发文扬彩，转代无穷。"可以说，成都这座古城的历史与绚丽多彩的蜀锦，早已在两千多年的时光中交织在了一起。

遗憾的是，虽然蜀锦闻名于世，在无数的文献中都留有其名，但是在成都乃至四川的考古发掘中，一直没有找到过相关的实物为其佐证。直到2012年的夏天，在金牛区天回镇老官山这座西汉墓葬中，四部浸泡在水中的竹木质织机模型的出现，才让蜀锦的存在与锦官城的称号，有了最有力的证明。借着这些织机模型，我们不仅可以看到汉代文献中所描绘的蜀都百室离房、机杼相和的织锦盛况，更重要的是，我们终于有了可能复活它们的希望。因为每一种织锦都有一个独特的"身份证"，那就是它的结构。现在我们考证出来的汉代蜀锦的结构，是五重平纹经锦，而且千年以来都没有变化，这是蜀锦的一个显著的身份地域标签。而这个"身份证"可以说明一个非常重要的问题："五星出东方利中国"织锦来自成都，它是典型的蜀锦，并且是成都制造的蜀锦。

就在老官山汉墓出土后第三年（2014），考古学家和纺织工作者就利用老官山出土的织机模型，复原了两台原始大小且可操作的提花织机。更让人兴奋的是，2017年，他们用10470根经线，历经一年多的时间，成功复制出"五星出东方利中国"织锦。

老官山汉墓的这四部织机是我国第一次出土完整的西汉织机模型，填补了中国丝绸纺织技术的考古空白。它的发现，还有一个重要意义，就是印证了成都不仅是当时中国的丝绸制造中心，更是历史上南方丝绸之路的起点。在春秋战国时期，甚至更早的时候，这些贵比黄金的"成都制造"，就随着南方丝绸之路的开通，和其他货物一起被转运往中亚，直到更远的地方。后来北方丝绸之路开通，蜀锦也是这条丝路上最为贵重的商品之一。蜀锦走了多远呢？在埃及博物馆里陈列的一具木乃伊的头发上发现的一块丝绸，经科学家考证，它来自中国四川，那可是公元前1000年的事了。所以说，纵有崇山峻岭，也挡不住成都与世界联系的雄心和勇气。尽管蜀道艰险，但蜀锦依然能畅通地远销世界。

金牛向北，是北方丝绸之路；金牛向西、向南则是南方丝绸之路。从这个意义上说，金牛是名副其实、当仁不让的南北丝绸之路的交会点。

悬壶济世救苍生

　　老官山汉墓的发掘，不仅出土了珍贵的织机，同时还出土了九百二十支医简。这九百二十支医简可分为九部医书以及一部《医马书》。医书内容多为脉学，且多次出现"敝昔"二字。根据目前学界已掌握的相关知识，如果出土的简牍确实可以读出"敝昔"二字，基本确认指的就是"扁鹊"其人。"敝"通"扁"，"昔"通"鹊"，在以往的古籍中这样的写法经常出现。所以，老官山医简极有可能就是失传的扁鹊派医术。这批医简的发现，不仅使成都地区成为一处重要的汉代简牍发现地，更为研究汉代医经的成书提供了新的史料。

　　据成都文物考古研究院研究员谢涛介绍，扁鹊的医书，不是那种内容枯燥的长篇大论，而是讲述扁鹊和弟子的实操案例，其中包括脉诊、色诊，也有一些论针刺的专书，还开列了十种病症的治疗处方，可以说是干货满满。同时，伴随这九部医术出土的，还有一个"萌萌哒"的经穴髹漆人像。别看这尊人像只有一个女孩

竹简上写有「敝昔」

▼

子的手掌那么大，但是在它身上有117个穴位点，一些部位还标有"心""肺""肾""盆"等文字，它现在是成都博物馆的镇馆之宝。

经穴漆人与大量医学典籍一同出土，说明两千多年前汉代蜀地的医学发展已经形成了较为完备的理论体系，是近年来中医学史上最重要的考古发现。

金牛区老官山汉墓出土的蜀锦织机与医简等国家宝藏，表明两千多年前的成都已经在纺织与医学领域，走在了世界的前面。那时候的人们已经通过自己的聪慧勤巧和善思钻研，创造了令人惊叹的伟大成就，这也映射出我们现在所提倡的大国"工匠精神"。

"创新创造、优雅时尚"，成都精神，原来从未改变。

汉画像砖里的表情包

成都这座城市，是一个幸福感很强的城市。长久以来，人们一直将成都作为一个理想的宜居之地，这和成都包容友善、乐观坚韧、开放共享的文化基因不无关系。其实这样乐观豁达的城市性格，不仅呈现在今天的城市空间里，在许多文物上也能找到明显的痕迹。比如，在全国各地出土的汉代陶俑中，四川的陶俑最大的特点就是面带笑容，少有陶俑是严肃的或者是沮丧和消极的表情。最著名的笑容可能要算来自金牛区天回山出土的东汉说唱俑了。成都这里怎么会有这么多自然而然、发自肺腑的集体式微笑呢？从这些表情我们就可以想象到当时成都人民的幸福指数有多高。这些充满喜感的"表情包"背后反映了怎样的城市密码？我们从金牛区出土的汉代画像砖上，去寻找成都人骨子里闲适会耍、乐观豁达的根。

蜀风汉韵画天府

在金牛区土桥街道西侧有一个大土包，这个土包有八米高、直径约五十米。因为附近有几家姓曾的农户，所以当地人都叫这个大土包为"曾家包"。这个曾家包上长满了野树杂草，一向没人注意。1975年的某一天，当地几个小孩子去捡拾民兵打靶留下的弹壳，意外地发现这个土包似乎有点异样。随后考古人员跟进发掘，第一次知道了这个占地如此大的土包，竟然是建在一起的两座东汉墓葬。可惜的是墓葬早年被盗，随葬的器物已经所剩无几，好在墓室里的二十块画像砖基本完整地保留了下来。

画像砖是在秦代随着墓葬制度的发展而兴起的，秦汉时期的人们崇尚"事死如事生"的厚葬之风，所以那一时期画像砖比较多见。当时，墓葬由战国时期的木椁墓演变成了砖室墓，因此较多地用砖来修建墓室，用画像砖来装饰墓室。这种集雕刻与绘画为一体的装饰砖，不仅表达了当时人们对于理想世界的向往，也反映出当时社会生活的方方面面。现在我们回头来看这一块块小小的画像砖，它就像是一张张来自汉代的照片，当它们串联起来时，就组成了汉代人生活的连环画。

曾家包汉墓的两块画像砖是成都博物馆的镇馆之宝，乍一看，可能信息量有点大。画像砖里有打猎、织造的，有执兵器的，还有酿酒的。在汉代，渔猎采集活动的形式和内涵比先前发生了重大变化。一方面，下层的劳动人民依然以渔猎采集作为谋生的手段之一；另一方面，大量的围猎活动已蜕变为上层阶级纯消遣性的娱乐活动。这种生活就有点像现在城里人去农村租一块地、种种绿色蔬菜什么的，倒不是为了口粮，纯粹是一种亲近大自然的休闲方式。同时，在这个画像砖上还出现了两副织机，这

▶ 曾家包汉墓出土的画像砖（正面）

让我们联想起老官山汉墓出土的织机。西汉时成都作为当时南北丝绸之路上唯一的枢纽城市，已经拥有世界上最先进的丝绸织造技术，"成都制造"的蜀锦早已作为奢侈品通过金牛道源源不断地被运往世界各地。画像砖中的一简一繁两部织机，呈现出了织工繁忙工作场景。而忙碌的不仅仅有织工，画像砖上还有酿酒的伙计，提取井水、运送谷物、照看酒坛，各司其职，忙得不亦乐乎。笔者猜这"土法＋古法"的美酒一定味道极好，你看这些来凑热闹的"看客"，有鸡、鸭、狗这些家禽家畜，还有那些胆肥的野生动物也来了，个个脖子伸得老长、巴巴地望着。要酿酒，先要有好粮食，其次要有好水。自金牛道开通后，李冰来成都凿通离堆，筑就都江堰，农业得灌溉之利，粮食富足，再加上好水资源，酿出成都好味道。当年司马相如曾与卓文君就当垆卖酒，成为一段佳话，也给川酒做了广告。

　　闻着酒香，顺着金牛道来到成都的历代诗人，差不多都要以酒入诗。有杜甫的"肯与邻翁相对饮，隔篱呼取尽余杯"，也有张籍的"万里桥边多酒家，游人爱向谁家宿"，还有陆游的"益州官楼酒如海，我来解旗论日买"……成都的酒，曾经让历史上多少著名文人醉倒杯中，陶醉留连。

人间烟火两千年

　　曾家包汉墓墓后壁的画像砖是一幅庄园全景。最上方的中心，两只羊在牧草间悠闲漫步，留白部分可以想象，在画面之外还有广大的牧场。中段是两座广厦：右边为一座双层楼阁，楼上有回廊；左边为高大宏敞的仓房，顶部有两个气窗。倚回廊而坐

▲ 曾家包汉墓出土的画像砖（背面）

的可能是庄园主，身旁有一女侍。楼下房门半开，一人似乎正要外出。下段是农田，种有水稻、芋等，还有四块种满稻谷的水田。一个有围堤的水塘，塘内有船、鱼、荷等。但这一画像砖又不是单纯的庄园农作图，里面还藏着一个容易被忽视的信息，就是这里面还含有明显的养老内容。养老一直都是社会普遍关心的话题。在古代，没有养老保险，也没有退休工资，那古人怎么养老呢？曾家包汉墓的画像砖就描绘了当时汉代的养老制度——"授之以玉杖，哺之以糜粥"。细看这块画像砖，在图的中心部位，大树之下坐着一位手持鸠杖的老者，面前放着一具较大的容器，正等待施舍。另有一人正从仓房中走出来，手里捧着量器给老者送谷物。在汉代，老人到了一定的年龄，先开始是八十岁，后来降至七十岁，就可以得到一个"老年证"。这种老年证不是现在这样的小本子，而是一种叫"鸠杖"的实物。鸠杖，又叫王杖，顾名思义是帝王赐予老人使用的拐棍，它是一种特殊权利的象征。《后汉书》记载，汉明帝在一次特殊的宴会上，请来的都是清一色的古稀老人，只要年满七十岁，无论贵族还是平民都有资格成为汉明帝的座上客。盛宴之后，皇帝给每位老人送了一柄鸠杖。有了这个鸠杖，就可以享受一些福利与优诗，老人们的生活也就有了保障。

金牛出土的这两件汉代画像砖的内容，真实地反映出成都平原精耕细作的生产状态以及手工业生产：种植水稻、种桑养蚕、养殖家禽、围猎、酿酒、织锦、织布……勤劳的成都人民通过自己的生产活动，过上了五谷丰登、衣食无忧的舒坦日子后，就开始寻思着建设精神家园，各种文娱活动轮番登场。左思在《蜀都赋》中曾浓墨重彩地描述，当时成都人就热情好客，常常选择"吉日良辰，置酒高堂，以御嘉宾"。美酿佳肴之外，席间尚有抚琴鼓瑟、歌舞伴奏。汉代成都的杂耍表演也是五花八门，倒立反弓、舞剑、跳丸等不一而足。曾家包汉墓中的"歌舞宴乐画像砖""歌舞杂技画像砖""六博画像砖"就让我们一睹当时成都生活的升平安逸，也让外地人大开眼界：原来成都人会耍会玩，是相当有传统的。

曾家包汉墓画像砖充满着浓厚的生活气息，它就像一个窗口，让我们看到了两千多年前古代巴蜀人的艺术之美、生活之爱。汉代的成都人民，就懂得一方面愉快工作，一方面享受生活。这样热气腾腾的蜀地生活，真的是太"巴适"，太"安逸"了。上自达官显贵，下至升斗小民，人们都在简单的生活里寻找着那些实实在在的"小确幸"。我们从陶俑的集体微笑到曾家包汉墓的天府日常，能看到汉代蜀地人民触手可及的幸福感，而这幸福感就来自天府之国富足的物质文化生活和精神层面的享受，各行各业的人们都露出乐观、开朗的笑容。而这样的精神特质一直延续到今天，形成了成都人乐观开朗的整体性格。

从万佛寺走出的"东方美神"

对于大多数成都人而言，万佛寺或许是一个陌生的地名，毕竟在地图上已找不到它的存在。现在的通锦桥，马家花园中铁二局附近，就是万佛寺的遗址所在。

虽然万佛寺现已不复存在，但这座千年古刹却有着一段极为辉煌的历史。从清末到20世纪50年代，就在万佛寺的遗址，曾四次出土了共两百多件石刻造像。2018年10月在成都召开的第二届中国考古学大会上，一尊从万佛寺出土的唐代观音头像为我们打开了历史的大门。这尊被誉为"东方美神"的观音头像，现在是四川博物院的镇院之宝，也是当之无愧的"颜值担当"。

她头梳高髻，戴三珠宝冠，宝冠雕刻得精细华丽，冠饰缠枝花鬘，花鬘正中有化佛；面部颀长而丰润，双眉弯细似新月，鼻梁挺直隆起，眼微闭似在静思，嘴唇微闭翘起，容貌慈祥端庄，令人忘俗。这尊唐代观音头像的亮相，让大众的目光再次聚焦万佛寺石刻。早已湮灭的万佛寺，何以在艺术成就上达到如此高度？它的身上又有怎样的一段传奇？

被称为「东方美神」的观音头像

南朝寺庙的成都版本

南朝，是中国历史上魏晋南北朝时期在南方建立的四个政权——宋、齐、梁、陈的统称。这段夹在十六国与隋朝之间仅仅长约一百七十年的历史，在我们这个民族上下五千年的历史长河中并不算长，但却占据了一个特殊位置。杜牧曾经有首诗《江南春》：

> 千里莺啼绿映红，水村山郭酒旗风。
>
> 南朝四百八十寺，多少楼台烟雨中。

诗中所说的南朝有四百八十个寺庙，虽然只是一个虚数，但也从很大程度上说明当时佛寺众多，上自皇帝、下至百姓都与佛教关系紧密。

众所周知，佛教最早发源于传说中的迦毗罗卫国，也就是现在的尼泊尔与印度交界的地方。西汉末年，佛教传入我国，在东汉中后期，经由南北方丝绸之路、蜀道传入成都。而后其在南北朝时期空前繁荣，佛教艺术也达到第一个高峰期。佛教为何在如此一个战乱纷飞的时代仍有这么强劲的发展势头，笔者觉得有几个原因：第一，大分裂往往也是大融合，就像硬币的两面，频繁的战乱也变相促进了文化的交流。第二，也是因为战乱，时局动荡，民不聊生，老百姓们只能从宗教之中寻找寄托和心灵的慰藉。另外，佛教的兴盛还与过去统治阶级的思想举措密不可分。南朝的历代君主，绝大部分对收复北方失地没有兴趣，士族官僚阶层日益腐朽，佛教则是稳固统治秩序的一大手段。有了官方的大力推广，再加上老百姓的精神需求，佛教文化在南北朝时期，特别是南朝时期，变得十分盛行。

据《成都通史》记载，自东晋中期开始，一些来自凉州、敦煌乃至西域的僧人和大量逃避战乱的北方佛教徒就顺着金牛道来到了蜀地，由此促进了蜀中佛教兴起。其中，一名叫作释慧睿的高僧还开创性地创办了国际学术研讨会，创造了让成都与天竺直接交流佛教的先例。这个时期益州的官员对于佛教的态度也很开放，益州刺史毛璩也为弘扬佛法提供了不少有利条件，推动了佛教在蜀地的迅速发展。越来越多的外地高僧来蜀传教弘法，大量寺庙也在成都等城市相继修建；成都也因此成为一个古刹林立、高僧云集的佛光氤氲之地。

在这些大大小小、鳞次栉比的寺庙中，有一座位于成都西北郊，现在通锦桥附近的寺庙显得有些特别。这座寺庙就是万佛寺，只是当时它的名字还叫作安浦寺。这里香火鼎盛，信徒甚众，是当时达官贵人、名人士绅、善男信女烧香拜佛的重要去处。人们不禁疑惑，成都寺庙众多，为何偏偏万佛寺香客众多？笔者在此大胆猜测：这可能跟它所处的方位有某种联系。万佛寺位于成都西北，上风上水之地，自然聚集了不少灵气。老成都有一句俗语，说的是"出西门，保平安"。西门一带一直都是求平安的胜地。万佛寺之所以香火这么旺，是有迹可循的。唐代以后，安浦寺改名为净众寺，还曾吸引无相禅师（其出家前为新罗王子）来此讲经传法。宋代又改名为净因寺，承接了印刷《开宝大藏经》的国家任务。到了明代，这里又改名为万佛寺、万福寺、竹林寺，最终在明末清初毁于战火，此后再无相关史料的记载。

佛光氤氲禅意生活

据《四川通志》和《益州名画录》记载，万佛寺大概建于汉延熹（汉桓帝刘志年号）年间。当时这里林木繁盛，松竹交茂，禅院幽深，占地面积相当大，是成都著名的文化旅游胜地。就在2015年，在万佛寺遗址旁，建筑工地上还曾挖出过一座埋藏千年的园林遗址。后考古人员证实其为盛唐时所建，推测这处园林与万佛寺或有一定关联，很大可能就是当年万佛寺的"后花园"。看来万佛寺的规模之大、园林之美，果然是名不虚传。这可以从后来诗人们的作品中得到印证。从南北朝以来，很多文人墨客都爱来这里吟诗抒怀，典籍中留下了许多以净众寺为题材的诗赋。《蜀中广记》就记载有宋代诗人范镇为万佛寺题诗，名为《净众寺新禅院》：

> 金地西郊外，一来烦念摅。
> 但逢是仙境，鲜不属僧居。
> 岸绿见翘鹭，溪清无隐鱼。
> 残阳已周览，欲去几踟躇。

诗人爱这风景如画的胜地，夕阳西下，暮色四合，都不忍离去。当年来成都避难的杜甫，也曾写过"老夫贪佛日，随意宿僧房"的诗句，看来他也可能来此游玩过，毕竟草堂距这儿也不过几公里路程。只是很可惜，如此环境优美的万佛寺曾多次遭到战火侵扰，最后在明末战乱时被彻底摧毁。但是，万佛寺的故事并没有结束。如今在四川博物院，专门布置了一个万佛寺石刻展厅，里面陈列着六十多尊石刻造像。从这些石刻造像风化的痕迹中，我们仿佛寻找到佛光在蜀地的一些踪迹和那些暮鼓晨钟的禅意生活。

在这些石刻造像中，有释迦牟尼佛、无量寿佛、阿育王、观音、天王、力士、伎乐、供养人等不同类型的雕像，可以说是内容丰富。而时间跨度也从南朝宋、梁延续到北周、隋、唐。早期的造像面型方正，而晚期的造像则面型圆润；早期的纹饰璎珞较为简单，而后期则变得愈加繁复华丽，石刻随着时代的变化呈现出不同的特点。

走在四川省博物院的万佛寺石刻展厅，你会发现时间似乎悄然停止了。释迦牟尼佛的残躯，睁着杏眼、留着小胡子的阿育王头像，头戴宝冠、悬着缯带的观音菩萨，宝相庄严的佛头，小巧精致的背屏式造像在灯光下清晰可见，恍若笼罩了层层佛光。细细观察这些作品，你会发现它们不同于北方的石刻造像，而是具有较为浓厚的地方色彩，有时你还会看到它们身上带着些许印度文化的色彩（阿育王头像、螺旋状髻）。万佛寺石刻造像之所以呈现出南北兼容的特点，究其原因，是魏晋南北朝时期，成都是南北丝绸之路的重要交通枢纽。这种特殊的地理位置，给了文化思想充分发展的空间，因此万佛寺的石刻造像也自然而然有了对外来文化融合、吸收的痕迹，最后形成了自己的风格。

这些来自一千多年前的作品，曾多次走出国门，走上国际艺术舞台。这不仅仅是中国的骄傲，也是成都的骄傲。要知道，与北朝丰富的造像遗存相比，南朝佛像存世稀少，目前已知的多集中在四川地区，其中又以成都规模最大。万佛寺石刻造像填补了中国南朝造像的空白，是研究四川地区乃至中国佛教雕刻的重要实物史料，对研究成都地区在中国佛教发展史上的地位和作用具有重要意义。

这些生动活泼而富有生命力的形象，处处体现着民间工匠们的卓越技法。他们在梵呗呢喃中，心无旁骛地将自己的虔诚与祈愿镌刻在砂石之上。或许他们也未曾想过，千年后这些作品将成为不可复制的宝贵遗产。借着这些南朝石刻，我们有机会如此近距离地走近南朝，走近那些未曾在历史上留下任何名与姓，却安静从容的工匠们；走近那个动荡不安却梵音缭绕的时代。万佛寺虽然早已消失于历史的尘埃之中，但它不可估量的艺术价值，依然静静地向世界传递着成都人俊逸洒脱的一念禅意和生活美学。

永陵路上访永陵

在中国几千年的历史上，前前后后共有过两百多位皇帝，每一位身后都留下一座不折不扣的"国家宝藏"。这些宝藏，有些能够流传千年，有些已随时间而逝，而有些惨遭盗掘，甚至有些只存在于传说中。一般来说，大型陵墓都会远离城市中心，选个风景秀丽的地方依山而建，比如秦始皇陵在骊山，李世民的昭陵在九嵕山。这样的选择，一是古人讲究风水，二是为了防止他人叨扰，毕竟陵墓里有丰富的陪葬品，很有可能会招来一些心术不正之人的觊觎。但是，在金牛区的中心区就有一座皇陵——前蜀开国皇帝王建的永陵。永陵修在城中，这在全国范围来说，实属罕见，甚至可以说是唯一。不仅如此，这个陵墓还是我们目前所知唯一的一座中国地上皇陵，颠覆了我们传统对于陵墓一般埋藏于地下的认知。这座位于闹市区的皇陵，到底有着哪些不为人知的传奇故事呢？

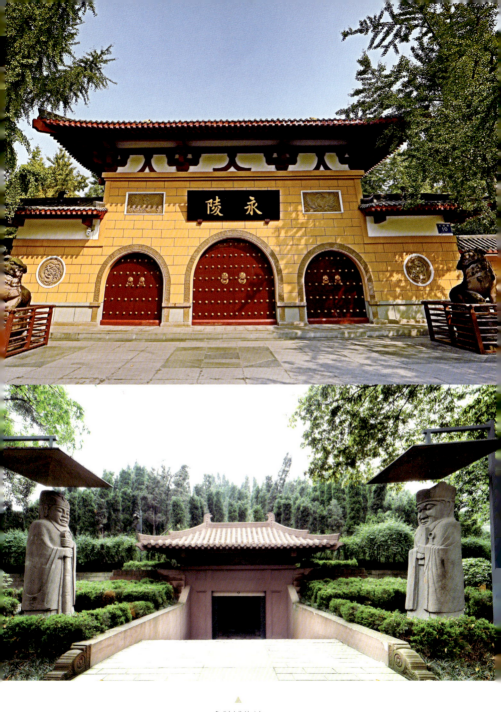

永陵博物馆

二十四伎乐组图（左起）

击钹乐伎　　　　吹贝乐伎　　　　　吹觱乐伎
吹大觱篥乐伎　　吹笛乐伎　　　　　吹排箫乐伎
吹笙伎　　　　　吹小觱篥乐伎　　　吹叶乐伎
打和鼓乐伎　　　打鸡娄鼓摇鼗牢乐伎　打拍板乐伎

二十四伎乐组图（左起）

打齐鼓乐伎	弹琵琶乐伎	弹竖箜篌伎
东舞伎	击答腊鼓乐伎	羯鼓伎（东）
羯鼓伎	毛员鼓伎	竖箜篌伎
西舞伎	击小拍板伎	正鼓伎

▲ 国乐观念剧《伎乐·24》剧照 天姿国乐出演

朱悦燫墓出土陶俑

朱悦燫墓出土的两尊最高的武士俑

杜甫《赠花卿》 曾来德作品

战火中的奇迹

在成都一环路西三段的两侧，有很多街道都是用"抚琴"命名的，成都人称为"抚琴小区"。因为以前这里有一座凸起的小山，人们一直以为它是汉代文豪司马相如的抚琴台，所以就将这附近的街道以抚琴命名。这种臆想一直延续了很多年，直到20世纪40年代，成都市民为了躲避日军飞机轰炸，在这个所谓的"抚琴台"挖建防空洞时，才发现这里跟司马相如一点儿关系都没有。在厚达四米的土层下方竟然隐藏了一座来自一千多年前的皇陵，也就是现在我们所说的永陵。当时，经过考古专家冯汉骥先生的考证，确定了这座皇陵的墓主人是前蜀时期的皇帝——王建。从此，这里就被称作王建墓。

在中国古代史上，平民出身的皇帝可谓凤毛麟角，而五代时期前蜀皇帝王建便是其中一位。王建不是四川人，而是河南人，年轻时常干些偷驴、贩私盐之类的事，又因为排行老八，所以被人送了一个不雅的外号——"贼王八"。后来他从了军，因攻打黄巢起义军时表现英勇，成为忠武军八都头之一，不仅吃上了皇

最早的「抚琴台」

粮，此后还一直跟随唐僖宗左右，成了皇上身边的红人。在唐僖宗逃亡途中，他屡次护驾有功，深得这位逃难皇帝的宠爱和信任，传闻唐僖宗还曾拿王建的腿当过枕头，醒来之后把自己的黄袍都送给了王建，可见当时这君臣二人关系有多么紧密。随着唐末军阀的混战，王建在整个中原混乱之际，开始逐步壮大自己的势力，渐渐地占据了四川。后来唐朝衰败，朱温篡位。就在朱温称帝仅五个月后，王建也在成都称帝，史称前蜀。从乡间的牛贩子到割据一方的皇帝，王建用了将近四十年的时间。从二十岁风华正茂的年轻人，到如愿以偿地坐上皇帝龙椅时，他已经是六十岁的小老头儿。

一千多年过去了，当这座陵墓于战火纷飞的年代出现在成都人的眼前时，立刻引起了当时中国文化界、考古界学者们的关注，被誉为"战火中的奇迹"。当时的外国媒体也对此进行大篇幅的报道，英国《伦敦新闻画报》用四个版面的篇幅详细介绍了永陵出土的文物和其经过，充分肯定了永陵的建筑艺术价值。

"智慧"建筑

永陵是中国现在所知的唯一一座地上皇陵，也是中国第一座用现代考古技术科学发掘的皇陵。人们一直很好奇，古人讲究入土为安，墓穴多在地下，为何永陵一改传统，把墓室建在地表呢？史籍中没有明确记载，有人推测可能是跟成都的地质地貌有关。由于成都地下水丰富，有着"挖地三尺即见水"的说法，特别是古代成都地下水位高。可能为防地下水侵蚀、淹没地宫，所以当时的工匠大胆地想出了将地宫修建在地表的方法。由于建在地面，所以对建筑结构和建筑材料提出了更高的要求。如何能让墓室结实牢固，这一奥秘的关键就在永陵的十四道券拱上。永陵修了十四道纵列式券拱作为它承重的骨架，每道券拱又不完全相同。这个券拱就像一根

◀ 券拱示意图

树枝，我们拿着它的两端向中间轻轻一弯，树枝就被弯成拱形，在建筑上，如果用石块或砖块砌成这种拱形，就成了券拱。永陵的券拱分为内外两层，外层用了五万多匹的青砖，内层用的则是石砖，而且这些石材也是通过长途运输而来。如今在地宫，人们依然可以在砖石上发现"金水""东川"的字样。金水，是现在金堂一带，而东川则是绵阳三台地区。这两处都位于龙泉山脉，所产的"硖口石"十分有名。永陵作为一个皇家工程，有着一套严格的质量管理

体系，因此也讲究建筑材料的可追溯性，"物勒工名，以考其诚"也是古代最基本的质量控制之道。整体来说，相较于唐代流行的砖室墓来说，永陵的建筑工艺更加复杂，难度也可想而知。

正因为如此巧妙的设计与细致的做工，永陵的保质期才能长达千年。从另外一个角度来说，既然这儿地下水位高，要修陵墓只能在地表上，而且建筑过程也大费周章，为什么不换一个地方修建呢？众所周知，皇陵选址是整个朝廷的大事，不得轻易而为，要从堪舆学角度，结合帝王的生肖、姓名、生辰八字，慎重选择。而王建宁愿如此兴师动众在这儿修建陵墓，一定有他特别重视的原因。成都西门向来被认为是上风上水之地，自然条件也非常优越。从目前我们发现的陵墓周围的自然环境来看，王建墓北边是毗河，南边是锦江，在成都的这两条大河的环抱之中。

前后蜀时期，相比中原的兵连祸结、战火纷飞，成都相对来说比较安宁。再加上王建建国后，任用贤才、采纳忠言、发展生产、劝课农桑，成都在唐代繁荣的基础上持续发展，文化也催生出繁荣景象，永陵的"智慧"建筑就是在这样的背景之下诞生的。永陵突破定式建于地表，可以说是中国古代建筑的集大成之作。它反映了王建不墨守成规、敢于大胆创新的精神。而这座陵墓历经千年风雨，依然固若金汤，也彰显出成都人非凡的智慧与强大的创造力。

前蜀一梦十二载

在一次讲座上，有人向成都著名文化人流沙河先生提出一个问题："如果能够穿越回过去，沙河先生会选择哪个朝代？"可爱的沙河先生一听，毫不犹豫地说，必须是前后蜀。这个回答让人颇感意外，不是唐代，也不是宋代，而是这个不怎么有名的前后蜀时期。

前后蜀时期，到底什么样子的成都才能对沙河先生有这么大的吸引力？通过翻阅史料，我们发现那时的成都因为地理环境的阻隔，相对军阀混战的北方，可以说是一方乐土。农业生产发展得很好，物价便宜，据说一斗米才卖三钱，米价比唐朝贞观盛世的时候还低。而且丝绸、锦缎、茶叶这些东西，老百姓都能消费得起。不仅物价便宜，成都当时的社会风气也非常开放，各种"头脑风暴"的思想交流也非常多。总的来说，前后蜀延续了隋唐时期蜀地的繁华，是一个非常适合人们生活的时代。而带来这样宽松安宁的生活环境的人，正是统治前蜀十二年的蜀主王建。

永陵在刚发掘时，人们就在王建石像前发现了谥宝、谥册、哀册等丧葬礼器，这些文物现在已经静静地躺在展厅中。当时最引人注目的就是王建兔首龙身的谥宝。谥宝就是仿照帝王在世时所用的印玺而制作的、可以在另一个世界使用的仿造品。谥宝上会篆刻皇帝死后的封号。关于这个谥宝的造型，也有一定的说法。过去

◀ 王建兔首龙身的谥宝

皇帝一般都把自己喻为真龙天子，而王建本人并不避讳，他本人属兔，登基前在民间造势时，有一句谶语叫作"兔子上金床"，很显然这是为他登基而在民间做的一种舆论宣传。所以在他登基以后，反而对自己属兔的这个身份大书特书，在他的谥宝上也采用这种"兔首龙身"的独特造型，足见他对自己非常自信。

虽说前蜀这个皇帝是地方割据的小皇帝，不是传统意义上奉正朔的正统皇帝，但王建也挺有王者气派，非但对外不避讳自己的出身，还有几分扬扬得意的洒脱。其实，王建这种自信、心胸开阔、不拘一格的性格在永陵的许多文物上都有体现。在永陵出土了一条玉大带，这条玉大带是迄今所知，唐、五代时期唯一一件完整的、能确定为帝王本人使用过的成套玉带。这条玉大带由皮带两段、镀银铜扣两枚、玉銙七方及獭尾组成。这条玉大带的来历也有一段故事，在獭尾背后的铭文中，就清楚地记载着这段非同寻常的花絮。这则铭文的大意是说：前蜀永平五年（915）十月二十七日，有个不祥预兆，后宫将要发生火灾。据说果不其然，当天深夜王建后宫中突然燃起了熊熊大火，无数珍宝在大火中烧为灰烬。第二天，灰烬中独有一团宝玉得以保存。常言道："火炎昆岗，玉石俱焚。"玉最怕的就是火烧，因此工匠们都认定这块经过大火焚烧的玉石已毫无用处。然而王建却不这样看，他说："此乃天生神物，大火又怎能损坏它呢！"于是命玉工制成了玉大带，经常佩戴。王建为什么要将这次火灾的经过铭刻在玉带上呢？其实，这条玉带蕴藏深意。铭文上也对此做了解释："向非圣德所感，则何以臻此焉！谨记。"目的非常明确，王建就是在歌颂自己的"圣德"，表明自己的统治地位是上天神授，不可动摇。不得不说，这是继"兔子上金床"之后，王建进行的又一次舆论造势。在他死后，这条有着特殊意义的玉大带也被放置在陵墓之中。不仅如此，就连石像的背后，也特别刻上了玉大带的造型，可以说王建用心良苦。

不管怎么说，人们对王建的评价还是不错的，他称得上是一个还算有作为的好皇帝。虽然是武夫出身，但他有着雄才大略，心胸也很开阔，懂得怀柔天下。对于那个时候从中原逃难而来的大量文人，《资治通鉴》记载："蜀主礼而用之，使修举故事，故其典章文物有唐之遗风。"所以，在那个短暂的时期，成都延续了历史的辉煌，成为当时最安定和最繁荣的地区之一。这也是流沙河先生对前后蜀评价如此高的一个重要原因。

此曲只应天上有

当年发现王建陵墓时，人们打开尘封的墓室，惊讶地发现了很多奇珍异宝，特别有意思的是，在这位皇帝的棺床束腰位置上竟然雕刻了精美无比的二十四伎乐图。这二十四个伎乐分成两部分，二十二个人演奏着各种各样的乐器，其余两个人似伴随音乐翩翩起舞。据说，刚出土时，这些石雕上覆盖的鎏金和颜色都还没脱落，金灿灿地泛着光。虽然不会像当年那样金光闪耀，但它们不可复制的历史价值已经成为永陵博物馆最受关注的镇馆之宝。

细数二十二位乐伎手持的乐器，竟然多达二十种。其中笛、笙、箫、筝、琵琶等属于比较常见的乐器，容易辨识出来，但更多的乐器看上去有些陌生，比如有竖箜篌——这是中国古代北方少数民族弹拨乐器，汉朝时期由西域传入，可以说是现代竖琴的祖先；有觱篥，是随着龟兹乐传入中国后发展为传统乐器的；还有来自西域地区的羯鼓、靰牢（鼓名）等。其实，这些有些绕口的乐器名字，已经暴露出它们的原生地了。这支乐队使用如此多中原汉文化地区没有的乐器，说明唐、五代时期是很包容、开放的时代，与周边国家、部族互动很多，特别注重兼收并蓄，所以能在宫廷乐队中见到来自印度、伊朗、阿富汗，以及古代少数民族地区的乐器也就不足为奇。在这所有的乐器中，还有一种特别有意思的乐器，叫作吹叶，就是通过一片树叶吹出旋律。吹叶的起源可以追溯到很久远之前的农耕社会，人们有可能在长期的劳作中，为了缓解疲乏，打发无聊时光，发明了唱山歌和吹叶这种乐器，然后在民间流行传承下来。

除了那些来自中原之外的乐器，另外一个有意思的地方，就是王建对乐器的挑选也好像很有讲究。在这么多乐器中，鼓的种类特别多，共八种九件。近三分之一的乐器都是鼓，演奏起来应是鼓声震天，盖掉其余丝竹之声。笔者猜测，王建这么爱鼓，可能和他的军人出身有关，军人往往喜欢这种刚健有力的音乐。其实，另外一方面的原因，应该是鼓乐在唐、五代非常盛行，王建把鼓放在整个乐队的重要位置也是非常应时而正常的。唐是一个气魄宏大的朝代，鼓乐确实也是这样一种历史感在音乐方面的具体体现。

唐宋时期的成都不仅是"扬一益二"的商业城市，也是著名的音乐之都。特别是"安史之乱"时，唐玄宗顺着金牛道，从天回镇进入成都后，把宫廷音乐也带到了成都。《太平广记》就曾记载唐玄宗天宝末年，成都民间百艘楼船游城南锦江"丝竹竞赛"的盛况，可见当时成都音乐的繁盛。顺着金牛道来的除了逃难的皇帝和宫廷音乐人才，还有大量富家大族和文人士子。成都相对封闭的环境，使得这里免于战争的惊扰，当京城乱成一锅粥的时候，这里依然是岁月静好，太平盛世。饱受战乱之苦，辗转来到成都的江南高僧贯休就对此赞叹道："家家锦绣香醪熟，处处笙歌乳燕飞。"随着各方面人才的纷纷拥入，成都也变成了唐末五代时期全国的人

才库，这就更加奠定了成都在全国的音乐大都会地位。成都的闲适安逸，加上浓厚的诗歌氛围，使得隋唐时期歌舞升平的景象一直延续到了前后蜀。这点在杜甫的两首诗中也得到最有力的印证。比如他描述对成都的第一印象是"喧然名都会，吹箫间笙簧"，又比如《赠花卿》：

锦城丝管日纷纷，半入江风半入云。

此曲只应天上有，人间能得几回闻。

永陵的主人王建是一名驰骋沙场多年的武将，却偏偏如此风雅地在自己的棺床上雕刻了精妙绝伦的大型音乐场景，可见他对音乐的真心喜爱。虽然王建是中原人，但来到蜀地后，也被这丝竹之声深深感染。多年戎马生涯紧绷的神经，终于在蜀地的音乐中得到了一丝放松。

永陵的二十四伎乐图，是迄今考古发现的唯一完整反映唐代及前蜀宫廷乐队组合的文物遗存，在中国音乐史上占有重要地位，"二十四伎乐"见证了成都作为"古代东方音乐之都"的辉煌。前蜀时期，成都虽地处西南腹地，却是中国古老丝绸文化的源头，也是联结南北丝路的核心区域。各色来自边疆或世界其他地区的乐器，正是民族融合、对外交流的最好物证；也再次表明成都从来就不是一座封闭的城市，而是一座与世界息息相通的开放城市。

芙蓉城里的那段浪漫事

芙蓉花是成都的市花，每到芙蓉花开时节，全城繁花似锦。最集中的观赏胜地，要算金牛区的金牛大道和成都植物园，这都是爱花之人的首选地。甚至成都人还琢磨着用蜀绣把芙蓉绣出来，如果你留意过蜀绣的图案，就会发现以芙蓉为主题的刺绣作品非常多。成都人喜爱芙蓉的历史，已有千年之久。蜀地诗人吟咏芙蓉的诗句也相当多，就连来自长安的唐朝文艺女青年薛涛，也对芙蓉爱不释手。平日里兴致来了，这位才女就会用浣花溪的水、木芙蓉的皮、芙蓉花的汁，制成色彩绚丽又精致的薛涛笺，专门用来抒写自己的女子心事，比如"不结同心人，空结同心草"之类的多情诗句。到了五代，成都更是满城遍植芙蓉，成都也不知不觉间多了一个诗意的名字——"蓉城"。

为何成都人对芙蓉如此情有独钟？芙蓉又如何成为成都不可磨灭的历史符号呢？这里面还有一段浪漫的爱情故事。我们不妨从成都金牛区的芙蓉巷出发，一起去寻找这个浪漫爱情故事的男女主角。

才情横溢有"花蕊"

五代十国时期是唐朝之后的"大混乱时代"。话说前蜀皇帝王建"神驾迁座于永陵"后，他的儿子王衍继位。结果这个少年皇帝，生于深宫之中，养于妇人之手，浑然不知经营天下的辛劳和他老爸开疆拓土的艰难，整日沉迷享乐、不思进取，仅仅七年后就被后唐所灭，当了亡国奴。紧接着，灭前蜀有功的孟知祥继任为西川节度使，开始治理成都。不过这位孟知祥也并没有忠心于后唐，而是看准时机在蜀地称帝，这就是史称的后蜀。然而在孟知祥当上皇帝几个月后，他就因病离世，他的儿子孟昶继位。这位皇帝也就是我们这篇故事的男主角。顺便说一句，孟昶还是春联的发明者，他亲撰的"新年纳余庆，嘉节号长春"是中国的第一副春联。

其实，孟昶并非如历史上描绘的那样，是个十足的昏君。早些年他曾励精图治、振兴经济。在他的治理下，后蜀逐渐强盛起来，老百姓的日子也比较好过。后人给孟昶扣上了一顶"骄奢淫逸，不知民间疾苦"的帽子，主要依据就是"七宝溺器"。说孟昶在中原多事之秋，据险一方，君臣都以奢侈为乐，甚至溺器都用七宝装饰。这个七宝溺器的故事只是一个民间传说，不一定可信。七宝溺器本来是一件用珍宝镶嵌制成的实用器物，确实珍贵，但这宝物被送到宋太祖赵匡胤的殿堂上的时候，被人指认为"夜壶"，一下子就成了黄金马桶。这不仅成了孟昶所谓骄奢淫逸和亡国的证据，也成了赵匡胤引以为戒、勤俭建国的案例。据说，赵匡胤当场就把这战利品摔得粉碎。后人根据"胜者王败者寇"这样一个公式，把孟昶说成一个荒淫无道之人，还嘲笑他不惜为心爱的女人满城栽种芙蓉花。

▶
张大千《花蕊夫人像》拓片

到底是什么样的女子，能有这样的魅力，可以让一国之君如此宠爱呢？这位女子姓徐，据《十国春秋·慧妃徐氏传》记载，她是青城山人。徐小姐从小就灵气逼人，样貌出众，被选入后蜀主孟昶的后宫。孟昶本人是这样描绘徐小姐之美的："花不足以拟其色，蕊差堪状其容。"意思是她的美连花蕊都会逊色三分，从此人们就称她为"花蕊夫人"。后来大才子苏轼也是这样称赞她的——"冰肌玉骨，自清凉无汗。水殿风来暗香满。"古往今来，有人写诗赞美花蕊夫人之美，也有人用丹青描摹她的美貌。张大千在青城山隐居时，就留下了一幅《花蕊夫人像》石刻。如今，在金牛区的永陵博物馆就收藏有这幅画像的拓片。

自古以来，很少有女子能集才华和美貌于一身，但花蕊夫人是个例外。这位花蕊夫人不仅有倾国倾城之貌，而且还善于创作诗词。诗词的主题大概可以归类为"我在宫中的快乐日子"、"宫中心事知多少"两大类，内容主要抒写宫景、宫情、宫怨、宴乐、游乐等宫中生活。这些诗词的用语风格以浓艳为主，但有时也有清新朴实之作，充满了安逸和情趣。比如这首《宫词》中：

水车踏水上宫城，寝殿檐头滴滴鸣。

助得圣人高枕兴，夜凉长作远滩声。

这几句诗说的是，那时的人们为了降温消暑，先将水输往屋顶的水箱，然后让水慢慢顺着屋檐滴下来，物理降温。同时，听着这像雨声的滴答声，也能多少从心理层面感到一丝凉爽。而这个用来消暑的屋子，叫作"水殿"。可以说，花蕊夫人的诗词，再现了一千年前成都的某些风景风情，也潜移默化地影响了今天成都人民的生活行为方式。

芙蓉树下少女心

孟昶得到了这么一位绝代佳人，自然是爱不释手。虽有后宫佳丽三千，但却偏偏独宠花蕊夫人一人。两人好得就跟如今热恋中的小情侣一样，天天腻在一起，不是暮春时节泛舟湖上，就是夏夜登楼望月，总之是各种玩乐活动不断。秋游时节，他们又会跑到城西，也就是现在的金牛区营门口一带，观赏芙蓉。一丛丛、一树树的芙蓉如天上彩云滚滚而来，一下子就击中了花蕊夫人的"少女心"。孟昶一看徐小姐如此喜爱芙蓉花，为讨爱妃欢心，就命百姓在城苑上下遍植芙蓉树。宋代有两位文人都曾对此事有所记载。赵抃在《成都古今记》中写道：

> 五代孟后主成都城上遍种芙蓉，每至秋，四十里如
> 锦绣，高下相照，因名锦城。

花开之时，远远望去如锦似绣，满城生辉，因此，成都又多了一个美名——"芙蓉城"。而张唐英则在《蜀梼杌》中如此说：

> 城上尽种芙蓉，九月间盛开，望之皆如锦绣。昶谓
> 左右曰："自古以蜀为锦城，今日观之，真锦城也。"

之后每年的秋季，两人常常登上西门的城楼，观赏满城灿若朝霞的芙蓉花。赏花完毕后，他们还会在芙蓉树下，吟诗作赋，饮酒弹琴，可谓郎情妾意，羡煞旁人。芙蓉花也因此被赋予了"爱情花"的喻意。

　　然而这样神仙眷侣的日子因大宋兵临城下而告终，后蜀很快就灭亡了。孟昶的亡国命运，似乎印证了一句话：凡蜀地割据政权，难逃二世而亡的历史宿命。或许孟昶也未曾想到，在他与花蕊夫人的爱意互动中，无意间将成都绿化推向了极致，使得成都成为那个动荡不安时代中的最大、最幽静的花园。我们可以想象一下，灿若云阵、姹紫嫣红的芙蓉树高列城墙之上，该是一幅多么美好而壮观的场面。

　　这样的花样幸福究竟有没有发生，已经无从考证，但是成都市民对芙蓉的喜爱之情，的确是由来已久。民国时期，这里还曾发行过刻有芙蓉花的"军政府造四川银币壹圆"的纪念币。后来人们又创作了川剧《芙蓉花仙》，著名学者流沙河先生也曾以《芙蓉秋梦》为名，讲述了一个老成都人心中的成都往事。一朵花与一座城，不仅是成都人对芙蓉花喜爱有加，许多书画大家也爱以芙蓉花为题，诸如潘天寿的《芙蓉图条幅》、陈半丁的《芙蓉花》、傅抱石的《芙蓉国里尽朝晖》等等。

　　舞榭歌台，帝王风流早被雨打风吹去。这段大分裂的混乱历史却因为一个美人的出现而多了几分浪漫气息。无论是花装点了城市，还是城市赋予了花的灵气，成都——这座芙蓉古城，也因花蕊夫人的美、花蕊夫人的才情，变得更加温婉、优雅。

凤凰夕照蜀王陵

　　位于成都北郊的凤凰山，曾经又叫作学射山。唐宋时期的成都人有三月三日登学射山的传统，宋代成都知府田况，就曾在《成都邀游诗》中专门记述了这一娱乐活动。只不过，人挤人、竞相登山的盛况到了明代就销声匿迹了。为什么呢？因为这里被皇家征用，成了蜀藩王的墓地。除了远观山形首尾相望，貌似飞翔的凤凰，从中国传统的风水学原理来讲，这里山形也相当吉祥，一如凤凰展翅，人们取"凤凰来朝"的吉祥喻意，将这里改称凤凰山。20世纪70年代，有人发现这里有一座神秘的明代蜀王陵，墓室规模宏大、精美华丽，整个墓室宛如一座地下宫殿。据《四川通志》记载，蜀献王朱椿、蜀靖王朱友堉、献王之子悼庄王朱悦燫都葬在凤凰山。那这座蜀王陵的主人到底是这三位中的哪一位呢？

坐镇四川明蜀王

　　朱元璋建立明朝后，为稳固江山，避免元末军阀拥军割据的历史悲剧重演，结合历史和现实的各种因素综合考虑，建立分封建藩制度。这是继周朝、西汉、东晋后再次建立的分封制，就是把权力全部掌握在自己人手中，依靠宗室子孙加强对地方的控制和监督，以达到长治久安的目的。从洪武三年（1370）开始，朱元璋前后三次分封诸子为王，镇守全国各地。洪武十一年（1378），在朱元璋进行第二次分封时，年仅七岁的第十一皇子朱椿被册封为蜀王。为什么朱椿会被分到蜀地呢？因为朱元璋知道，四川是战略要地，他特别重视：四川位居长江上游，北接秦岭，西南为滇藏必经之地，向东可直抵荆楚。这么重要的一个地方，自然要找一个靠谱的人选来管理，朱椿当然是首选，因为朱椿的母亲是曾经帮助朱元璋打天下的"贵人"郭子兴的女儿郭惠妃，这里面自然包含"信任"这一很重要的元素。十二年之后，朱椿长大成人，到成都正式"任职"。此后，蜀王家族坐镇四川二百六十七年，延续了十世十三王。这里要特别说明一下，蜀王府是四川仅有的一个王府，其余地区多为数个王府并存。

朱元璋是个草根皇帝，农民出身，文化程度不高，但他身上的那种革命性让他先对自己的名字下了手，把父母起的朱重八改成了朱元璋。璋是一种尖锐的玉器，朱元璋实际上就是"诛元璋"，朱重八把他自己比成诛灭元朝的利器。当了皇帝后，他更是为后代取名立下了"高大上"的规范，堪称中国姓氏文化史上的一大奇观。这个取名系统相当复杂，简而言之：取名得有"字辈"，再加"名"。对于"字辈"一项，朱元璋给自己的每一个儿子的后代也就是从孙辈开始，都制定了详细的"字辈表"，足可保证朱家子孙用个几十代不重样。蜀藩的二十世辈分为"悦友申宾让，承宣奉至平，懋进深滋益，端居务穆清"。可惜的是，传至第九世蜀王朱至澍时，蜀藩合宗被张献忠杀了，蜀藩灭亡。而对于"名"这一项，朱元璋则规定自己后代取名必须按照"木生火、火生土、土生金、金生水、水生木"即五行相生的顺序来起，而且名字中必须以五行（即金木水火土）作为偏旁部首。朱元璋自己的儿子，名字中全部以"木"字旁作为偏旁，如明成祖朱棣、第一代蜀王朱椿，其名从"木"。而朱氏家族第三代的名字，则全部以"火"字旁为部首，如朱椿的儿子朱悦爝，就是按照这个规定来的。从取名字这一项，可以看出朱元璋希望自己朝代千秋万世的美好愿望，希望通过名字五行相生，从而生生不息。

天下诸藩，唯蜀藩最富

在这座尘封数百年的陵墓中，考古学家发现了一尊放在墓里的刻有死者生平事迹的石刻，这就是圹志（墓志的一种），还有一件木头做的乌龟造型的谥宝和一件谥册。这三件出土文物上都刻有"蜀悼庄世子"字样。原来，这座陵墓的主人就是朱椿的儿子、朱元璋的孙子——朱悦燫。《皇明祖训》规定："亲王嫡长子年十岁，朝廷授以金册、银印，立为王世子。"既然朱椿是藩王，朱悦燫理所当然地就成了王世子，照此发展，如果没有什么特殊情况，他就会顺理成章地承袭王位。而在没正式继承王位前的这段时间，王世子要不停地学习，掌握亲王所需要的种种知识，时刻做好任职准备。朱椿本身学识广博，被称为"蜀秀才"，对这个儿子的要求也自然不低，请了当时著名儒士方孝孺给朱悦燫当老师。这位少年郎表现优异，不仅受到父亲的认可，就连他的叔叔朱棣，对这个侄子也非常赞赏。《明太宗实录》等史料对此也有所记载：

> 永乐元年四月朱悦燫来朝，永乐二年二月辞归，赐钞两千锭；永乐三年九月，来朝，册封世子妃。

其实，朱棣不仅是对朱悦燫有这种示好的行为，他还多次为其他蜀王世子、世孙赐名、赐婚、赐封号。其目的一来是为了嘉赏蜀藩的忠心，二来也是政治需求为了拉拢镇守西陲的藩王。

▲
谥宝

谥册
▼

永乐七年（1409）七月，朱悦燫突然病逝，死因不详，年仅二十二岁。这对朱椿来说，简直是晴天霹雳，这个家族的故事又要重演了，因为在十七年前，朱元璋的太子朱标先于朱元璋病逝。如今，同样的事情发生在了朱椿身上，怎能不令人叹息？朱悦燫的病逝，对朱棣来说，是沉重一击。朱悦燫的谥册上是以朱棣的口吻写的："尔蜀世子悦燫，为朕犹子，端谨重厚，孝友谦和，安荣贵富，式期远大。"可见，朱棣对朱悦燫的评价很高，特别是"犹子"二字，有人解读说，这是朱棣把朱悦燫当作自己的儿子对待。不管怎么说，白发人送黑发人，朱椿怀着悲痛的心情将爱子安葬于成都北郊的凤凰山，为他修筑了一座规模巨大、装饰华丽，完全模拟蜀王府建造的地宫。

古人曾有云："天下诸藩，唯蜀藩最富。"万历朝以前，蜀藩可以说是明代各藩府中财力最为雄厚的一支，这句话在朱悦燫的地宫建筑上体现得淋漓尽致。朱悦燫的陵寝，全用石料建成，几乎浓缩了蜀王府的精华、还原了蜀王府的恢宏。地宫墓室全长约三十五米，由三个纵列式筒拱券组成。巍峨的墓室大门象征城门，二门的石门象征一道宫门，上有九九八十一颗门钉。这种门钉不仅仅有装饰作用，还是一种显示等级制的标志，是皇家建筑大门的一种专用形制。进门后是广阔的正庭，再后是正殿，最后才是代表寝宫的后殿。其中正殿为重檐廊庑式建筑，非常华丽。纵观整个墓室结构，可以说是一个缩小版的蜀王府。尤其值得一提的是，墓室内部细节的装饰相当考究。墓室的仿木建筑结构使用了大量琉璃。而此前开放的僖王陵（朱悦燫儿子的陵墓）、昭王陵，也只在照壁等处有琉璃小构件。加之张献忠的一把火烧尽成都城里所有的明代建筑，几乎不见明建廊庑琉璃，因而朱悦燫墓就尤其有价值。

美轮美奂地下宫

"北有十三陵，南有蜀王陵。"明代蜀藩爵位传了十世，共有十三个藩王，因此在成都及周边地区分布着不少明代藩王的墓群，总的来说，是"大分散、小集中"。金牛区凤凰山这座朱悦燫的明蜀王陵，有着精美宏大的地下宫殿。

古代有"事死者，如事生"的说法，尽管帝王生命已然终结，但他们仍希望帝王的生活在阴间持续，因此陵墓的地上、地下建筑和随葬生活用品都会仿照人世间。朱悦燫的这座地宫就是模拟王府规制建造而成的，分为前、中、后三个部分，整体结构跟雄伟的蜀王府并无二致，有城门、宫门、前庭、正庭、正殿、中庭、后殿，一应俱全，相当于一个微缩版的蜀王府。地宫整体呈对称结构，装饰华丽，除了使用大量的琉璃以外，细节处也非常有看点。正庭、中庭的两厢和中庭的左右耳室上架饰有欢门和山花蕉叶帐，这些装饰的细节，在宋代的《营造法式》里都有相关记载。

带座石香炉（朱悦燫墓出土）

仔细观察这些欢门，会发现上面还雕有莲荷和各式缠枝牡丹、葵菊等图案。当然这样的吉祥图案不仅仅在欢门上有所体现，在一座带座石香炉上，也能看到很多吉祥花纹，比如祥云、牡丹等。这座石香炉高近一米三，底座流云纹、鼎足狻猊纹、炉身缠枝纹，百看不厌。这些装饰雕刻，都是明初石刻中的精品，也从一个侧面反映了明代藩王陵墓的规制和特点。而且在发掘时，人们发现在墓内棺床的四角和正中地面上，各放置一面素面铜镜，正照棺床，这种葬俗，在考古发掘中属首次发现。其实，历代都有将铜镜作为随葬品放入墓中的习俗，铜镜对于古人而言，包括物质与精神两个层面的含义，不仅能映照容貌，还能趋吉辟邪。至于朱悦燫墓中这样的摆放方式有何寓意，至今专家们也没有找到满意的答案。

这座神秘的蜀王陵，也可以称之为"悼庄世子墓"，它像很多古代墓葬一样，最终没能逃脱被盗墓贼光顾的命运。很多贵重的随葬品都不见了踪影，甚至朱悦燫的尸骨也被随意拖动，散落于墓室之中，但考古人员惊喜地发现，随葬的五百多件釉陶制作的陶俑，不仅保存完整，而且连排列位置也基本保持了之前的状态。通过这些陶俑，我们可以了解明代的衣冠服饰，因为在以往的文献中虽然有衣冠服饰的记载，但都没有图示，朱悦燫墓中的这五百多件陶俑可以说是对文献做了非常形象的展示与印证。而其中数量庞

图中标注：城门　宫门　前庭　正庭　正殿　中庭　后殿

前　　　中　　　后

▲

朱悦燫陵寝

大的仪仗俑，也为我们还原了明代藩王的仪仗制度。

据《明史》《明会典》《明集礼》等记载，世子仪仗同亲王仪仗。亲王仪仗有校尉举绛引旛，仪仗队伍手持班剑、吾杖、立瓜、响节等。在朱悦燫墓中，以象辂为中心的仪仗俑群，大致有三排，摆放在墓室中的不同位置，虽然每一排的仪仗俑有些许差别，但是皇室的排场还是霸气尽显。

除了仪仗俑，按照身份与服饰的不同，这些陶俑大体上还分为武士俑、乐俑、侍俑、文官俑，可以说文臣武将，一应俱全。两尊武士俑，佩弓携箭、披坚执锐、目光炯炯、不怒而威。他们是这座地宫的守卫者，是所有陶俑中最高的俑。

两人的服饰大体相同，身着铠甲、战衣，肩上披四垂巾，左挎弓囊，右挎箭袋，脚上穿着战靴。相比威武的武士俑，乐俑就显得温柔了很多。这些乐俑手持各种乐器，有笛、箫、笙、琴、瑟、画角、拍板等，其中最引人注目的则是击鼓俑。他们头戴黑色金鹅帽，黄褐色绦带从前额绕到脑后，身上是盘领窄袖黄褐色长衫，鼓就平放在肚子前。

再来看看服饰。这些陶俑不算大，差不多三十厘米高，也就约为A4纸的高度，他们的服饰变化却很大，特别是帽子、方巾各有不同。据文献记载，明代帽子和方巾样式非常复杂，每一种都超过十个款式。经过专家考证，这些陶俑所戴的帽子样式有六合一统帽、中官帽、浦头、平巾、老人巾和乌纱帽这几种。六合一统帽，这个名字是明太祖定的，和"四方平定巾"一起寓意"四方平定，六合一统"。这个帽子被分为了六份，也叫作"小帽"，是明代士庶阶层的一款常用帽子。而这种前面圆形、后面有山的黑色帽子，被称为中官帽。在所有的帽子里，人们最为熟悉的，应该是乌纱帽。早在东晋成帝时，就有了乌纱帽，只是那时候的乌纱帽是民间百姓常戴的一种便帽。到了明代，朱元璋在洪武三年作出规定：凡文武百官上朝和办公时，一律要戴乌纱帽，穿圆领衫，束腰带，乌纱帽才开始成为官员的一种特有标志。

后世有人把僖王陵与朱悦爌陵墓这爷俩墓中的随葬俑做了一个小小的对比。朱悦爌墓中的随葬俑为陶俑，而僖王陵中为瓷俑。从色泽上看，僖王俑更明艳、通透，朱悦爌墓俑较暗淡、沉厚。朱悦爌墓陶俑体量较高，通高32厘米左右；而僖王陵瓷俑相对较矮，一般为10—20厘米。此外，还有一个有趣的发现，朱悦爌墓陶俑形态变化不大，神情肃穆哀戚；而僖王陵瓷俑可称是姿态各异，眉目舒展。有人揣测说，想必是朱悦爌早逝，所以表情相对肃穆；僖王的谥号是"僖"，从字面上讲带有喜乐之意，所以僖王俑的表情神态也比较符合这个"僖"字。除了这些制作精美、活灵活现的陶俑，在四川博物院的展厅中，你还会看到不少造型各异的陶马，因为朱悦爌喜欢马，对马有特别的研究。

明代藩王作为当时社会体系中一个较为特殊的阶层，其人数之多，体系之庞大，延续时间之长，对当时封地乃至全国的政治、经济、文化等产生了深远的影响。如今，这座蜀王陵地宫依然静静地躺在凤凰山上，明朝那些事儿已经悄然藏在了历史深处。离这儿不远处，就是中国唯一一座以露天音乐广场为主题的地标性城市公园——成都露天音乐公园。公园占地接近四十万平方米，建有目前世界上最大的全景声半露天半室内双面剧场，朝向室内能容纳五千人观演，朝向室外则能容纳四万人观演。它也是目前西部地区乃至全国范围顶级的露天音乐演艺场地和城市音乐主题公园。相信这座代表着成都音乐之都的力作，未来将为丰富西南地区人民的精神文化生活发挥积极的作用。

三十六里西川地，围绕城郭峨天横。

行尽青山到益州，锦城楼下二江流。

因水而兴，因水而荣，

因水而困，因水而为。

桃花一簇开无主，可爱深红爱浅红。

天色微明炉火熊，桥头贾客路匆匆。肥粑汤滚加椒水，一碗银丝暖融融。

市井烟火里的金牛

这方水土

水润天府定格局

世界上很多城市都有属于自己的母亲河，这和人类最初依水而居的传统有关。上海有黄浦江，广州有珠江，巴黎有塞纳河，伦敦有泰晤士河……成都的母亲河是锦江，或许人们更习惯叫它"府南河"（锦江是府河与南河两条河流的统称）。千百年来，锦江环抱成都这座古城，滋养着蓉城大地，使得成都成为著称于世的历史文化名城。汉代的西都，晋代的"一都之会"，唐代的"喧然名都会"、李白"九天开出一成都"的南京，宋代的"西南大都会"，元代马可·波罗笔下的"东方威尼斯"，19世纪末法国人古德尔孟口中的"东方巴黎"……水，创造了这座城市最恒久的风景，也塑造了这座城市包容豁达的性格。有人开玩笑说，是成都的水养出女娃儿的好水色，泡出香气扑鼻的花茶，酿出入喉醇香的美酒。成都的富庶与市井，成都人的闲逸与自在，都在水中倒映出了最真实的影子。

如今人们看到的府南河，曾经有过改道的大动作，现在成都城市的格局，也是因为这两条河的改道才有了现在的模样。而做出这样重大改变的人，并非水利专家，也不是城市景观设计师，而是一名军事专家。他叫高骈，是一个文武双全的能人，既能风花雪月，也能驰骋沙场。在这项伟大的城市规划中，一个水利工程的修建起到关键性的作用。这个工程就是金牛区九里堤遗址公园的縻枣堰。这个縻枣堰，就是九里堤最开始的名字。

罗城，成都的另一个古称

我们追寻河流的走向，也是在追寻文明的走向。当时间进入大唐盛世，此时的成都已经有了"扬一益二"的美名，这座城市与生俱来的商业气息变得格外浓郁。可到了唐代中后期，大唐国运开始由盛转衰，早就对大唐心有不服的南诏屡屡挑衅，成都就曾多次遭到南诏军队的攻打。每当南诏来袭，几十万人一下子拥入狭小的城内避难，狼狈不堪，成都城更是有过"城门昼闭"的"黑历史"。朝廷再也不敢大意轻敌，就派出一位将军来平叛，这位将军就是名将之后高骈，他常年在边关领兵抵御党项、西蕃侵犯，屡建奇功。在高骈的指挥之下，大唐军队终于击退了野心勃勃的南诏军队。

经过这一场胜利，朝廷正式任命高骈出任西川节度使。他一上任，考虑的第一个问题就是，如果再不加强成都的防御系统，那南诏可能又会来侵犯。于是他骑马围着成都城墙实地考察，发现成都城周长不过八里，相当狭小，而且还是夯土城墙，没有护城壕，不利于防御外敌。其实成都的建城史可以追溯到金牛道的开通。秦灭巴蜀后，秦惠王就派张仪、张若修建"与咸阳同制"的成都城。那时的成都城周长十二里，城墙高七丈，当时就是用泥土夯筑的。从秦筑成都城到隋朝之前，虽然历代都有维修，但没有太大的变化，缺点依然特别突出：第一是小，第二是不够坚固。用泥土夯筑的城墙，别说人为的破坏，就是下点大雨，夯土城墙也扛不住。隋文帝时，蜀王杨秀主持修建的隋城，到唐代末年，三百多年时间，就已经风化坍塌得不成样子。

为了增强成都的军事防御能力，几番论证后，高骈慎重地向朝廷提出扩城开河的申请。朝廷相当重视，紧急批复，快马加鞭地开始动工，高骈亲自指挥筑城。这次筑城算是成都历来最大规模的一次，看看这组数字就很吓人：雇佣8州12县的人力约有10万人，花费150万贯钱，用砖1550万块，仅仅100天左右，工程于唐乾符三年（876）十一月完成。成都城有一个别称叫"罗城"，就是从这个时候开始的。罗城周长25里，加上外围的瓮城（为了加强城堡或关隘的防守，在城门外修建的半圆形或方形的护门小城）共33里。

关于此次修建罗城的过程，唐人顾云就在《筑城诗》中这样写道："三十六里西川地，围绕城郭峨天横。"巴蜀文化专家袁庭栋先生曾考证，高骈修罗城后，要比原来的老城面积大了七倍。新城把以前的大城、少城、隋城等统统都包罗了进去，所以就把它叫"罗城"；高骈还去算了卦，图吉利，罗城也被叫作"太玄城"。建好的罗城，不仅面积大了，城墙高了，墙体也更结实了。高骈此次筑城筑的是砖墙，城墙上还修建了用于守城的城楼、库房、通道，城墙顶部外面修了女儿墙，这才彻底解决了以前一千多年夯土城墙的两大缺点，奠定了以后一千多年成都古城墙的基本格局。

二江抱城

李冰修都江堰之后，岷江的两大支流郫江（现在的府河）、检江（现在的南河）形成"二江并流"的格局，使得成都自秦代建城，至唐代中叶，大约一千年间少有大水灾的记载，为成都经济的繁荣发展提供了较为稳定的保障。到唐代成都修罗城时，成都城外南郊仍是二江并流之势，张籍在《送客游蜀》诗中有过"行尽青山到益州，锦城楼下二江流"的描述。在修建罗城的过程中，高骈认为新的城市规划重点和突破应放在城北，也就是现在金牛区所处的位置。因为城西北正处于各条水道的上游地段，扼守着成都水系的咽喉。如果能在城西北修一条防洪大堤，那么既可以防止夏季洪水可能对城墙形成的威胁，又可作为城外的防御工事，抵御从西北而来的侵犯之敌。于是，高骈将郫江改道，在城区西北部修了一个导流堤，这个在成都治水兴城的历史上起到重要作用的导流堤就是糜枣堰，也就是现在人们所熟知的九里堤。高骈在此处将向南流的郫江改道，使之向东流，环绕罗城北缘，再回转向南，绕罗城东缘，然后在罗城的东南方向与检江在九眼桥附近的合江亭汇合。两条河流环抱成都，构筑起一道天然屏障，好像给这座城市披挂了一条漂亮的"翡翠项链"。从此成都城防得以巩固，并且形成一千多年来"二江抱城"的格局。

二江环抱一旦形成，成都城通向长江中下游的黄金水道便增

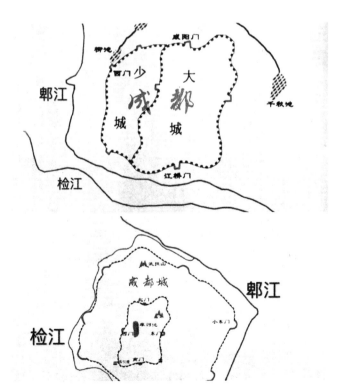

添了多处码头，商贸很快就热闹起来。糜枣堰的修建与河道的改变，加速了城市向东、向南的发展进程，使得水上贸易更是空前繁荣。那时的成都已经有北门大桥、东门大桥、老南门桥、安顺桥以及九眼桥这五大码头，这五个大码头的货物各有特色。东门大桥药材多，有大型药栈，当归、鹿茸、人参以及各色川药沿着长江漂向江南地区。而北门大桥的船工和"漂木"则是夏季的一大景观。每当夏季丰水期，从岷江顺流而下的漂木纷纷被打捞上岸。有些木材被劈成小块，变成了成都人生火做饭的燃料；有的则通过金牛道，被完整地运送到京城，成为皇家建筑的原料。两千多年源远流长的商业传统和贸易基础，使得如今的金牛区依然占据着成都商贸大区的重要地位。

成都的游乐文化也因为水的滋养，变得特别浪漫、温馨和喧哗。文史资料中就有不少关于人们在城西游赏玩乐景况的记载，如明代钟惺的《浣花溪记》如此描写浣花溪的风景：

> 出成都南门，左为万里桥。西折纤秀长曲，所见如连环、如玦、如带、如规、如钩，色如鉴、如琅玕、如绿沉瓜，窈然深碧，潆回城下者，皆浣花溪委也。

作为一座水系发达的城市，成都与水的关系，在千百年间发生着各种变化。"因水而兴，因水而荣，因水而困，因水而为"，水利专家熊达成以一个"水"字，串起成都数千年的历史，这个"水"字如此轻盈，又如此沉甸；如此柔情，又如此辽阔。从临水城市到亲水城市，从都江堰到糜枣堰，人们在这片土地上生生不息，不断创造着新的治水奇迹，这个城市也在不断向外拓展着自己的生活圈、经济圈、文化圈。

桃花江

桃花江畔金沙巷涂鸦墙

桃花江，见证"成都游赏之盛"

　　成都新近推出的"夜游锦江"项目，成为成都旅游新的"网红打卡点"，有"夜市、夜食、夜展、夜秀、夜节、夜宿"六大主题，这并不是今天的成都人才有的娱乐活动，早在唐宋时期就有这样亲水的娱乐休闲方式了，但现今成都人仍然开心于此。它得益于成都这座"活水之城"，又让人想起"门泊东吴万里船"的盛景，回忆起老成都的水乡风貌，缅怀"长似江南好风景，画船往来碧波中"的美好，甚至还感受到巴金、郭沫若、沙汀、艾芜这些文豪从水路出发，扬帆东下的豪情……

　　现在的成都人都知道浣花溪、百花潭，但有一条名字非常诗意的小河，可能知道的人并不多，她位于成都西郊，名叫桃花江，曾经美过、绚烂过，堪称胜地，这条江是怎么得名的？她如今的样貌又如何？让我们一起溯桃花江而行，感受传承千年的成都生活之美。

诗圣江畔独寻花

　　从曾家包汉墓出土的画像砖上，我们已经领略到蜀人好耍的生活状态。到了唐宋时期，成都游乐之风已经"四方成传"，世人皆知，而当时的游乐方式也非常多样化。一年四季中，常规游乐活动大概有三种：第一，赏花亲水。从杜甫的"晓看红湿处，花重锦官城"到陆游的"二十里中香不断，青羊宫到浣花溪"，再加上孟昶遍种芙蓉，成都风景可谓看得人眼花缭乱。第二，饮茶喝酒。李商隐的"美酒成都堪送老"与雍陶的"自到成都烧酒熟，不思身更入长安"，都直接点名夸奖了成都产的酒好。同时，这里的人不仅爱喝酒，也爱喝茶。尤其是冬天有大太阳的时候，河岸边喝茶的人组成这个城市一道别致的风景。第三，寺庙游览。人们一方面从梵音缭绕的灵境中寻求心理慰藉，一方面在清幽雅致的景色里放松神经。除了人们熟悉的大慈寺，成都西郊香火鼎盛、环境优美的净众寺也是一处游览胜地。而在游人如织的净众寺旁（现在的成都马家花园东至通锦桥附近），有一条流水潺潺的小河，叫作桃花江。

桃花江发源于摸底河土桥段，河水经金牛坝、茶店子后，再向南绕城西流入百花潭，最终汇入府南河（包括今天城西的饮马河和西郊河）。说起桃花江的得名，据说是因为两岸生长有成片的桃花林。春光灿烂时，微风吹过，花瓣纷纷飘向河中，真有点"花自飘零水自流"的浪漫气息。传说这里种植桃花，还跟后蜀皇帝孟昶的爱妃花蕊夫人有关。花蕊夫人来自风景秀丽的青城山，那里有条桃花沟。春来时，漫山遍野的桃花摇曳生姿，曾经多次装饰了花蕊夫人时的少女梦。嫁入深宫之后，花蕊夫人还常想起故乡的景致，于是就命人在河岸两旁种植成片的桃树，没事时就去转转。随后这条小河也就被称作"桃花江"，这个美丽的名字一直沿用至今。至于桃花江的得名是否真的与花蕊夫人有关，已经无从确证，也可能是后人的一个美好附会。但可以确定的是，早在唐宋时期，这里就是成都人观赏桃花的一个好去处。不仅普通老百姓喜欢携家带口前来郊游，许多诗人也把这里当作采风创作的好地方。诗圣杜甫为躲避"安史之乱"沿着金牛道来到成都后，沉郁的心情逐渐舒缓，很快就爱上了这座城市。他喜欢城市深度游，去过大慈寺，也游过石笋街，当时极负盛名的桃花江和净众寺，自然也引起了他的兴趣。诗人到此游览，留下了"老夫贪佛日，随意宿僧房"的记游诗。而在他的另一首《江畔独步寻花七绝句》中，他也为我们描绘出桃花江的美景，其中两首绝句分别是：

> 黄师塔前江水东，春光懒困倚微风。
> 桃花一簇开无主，可爱深红爱浅红。
>
> 黄四娘家花满蹊，千朵万朵压枝低。
> 留连戏蝶时时舞，自在娇莺恰恰啼。

桃花江两岸在盛开的桃花映衬下，展现出一幅春暖花开、莺歌蝶舞、生机盎然的画面，引得人们纷纷前来游玩赏乐。

唐宋"网红打卡点"

可以说，唐宋时期成都人的休闲文化非常丰富，元人费著在《岁华纪丽谱》中就有这样的评价："成都游赏之盛，甲于西蜀，盖地大物繁而俗好娱乐。"这样的游乐之风还会继续吗？明代成都经历了元末的战乱，经济遭受很大的打击，人们生活也受到严重影响。但是成都人身上有一种神奇的自愈力，随着经济逐渐恢复，经历过战争侵扰的成都平原，很快便重新焕发了活力，成为一处相当诗意的栖居地。明朝著名的地理学家王士性有过如此动情的描述：

> 江流清洌可爱，人家桥梁、扉户俱在水上，而松阴竹影又抱绕于涟漪之间，晴雨景色无不可人。

桃花江，这个美丽的地方，再次成为当时人们郊游的热门之地。

桃花江岸柳绿桃红，清风拂面，环境优雅又处城西门户，人来人往好不热闹。据说这里众多酒楼茶肆中有一家还悬挂出一副对联：重阳夜煮酒，佛西桃花江；月上柳梢头，人约通锦桥。聚于成都的文人才子都爱来桃花江畔饮酒赋诗，挥毫作画。与此同时，游乐文化催生了餐饮经济，许多菜品也在这种游乐经济中应运而生，其中有一款名小吃就是担担面。小贩们挑着担子，一头放面条及佐料，另一头放炉子，穿行在桃花盛开的水岸边，不时传来此起彼伏的吆喝声，勾得游人纷纷买来解馋。美景、美食的双重吸引力，使得桃花江的游客一直络绎不绝。在这人气爆棚的"网红"旅游点，还不知不觉诞生了一件有趣的事情。许多有女儿的人家开始托媒来此挑选俊雅之士以做夫婿。久而久之，这里就成了市民谈婚论嫁的最佳处所，那阵仗不亚于今天人民公园的相亲角。

到了明末清初的战乱时期，成都又遭严重破坏，以城西净众寺（明代已经改名为万佛寺）为中心的文化场所也未能幸免，桃花江的故事被慢慢湮没在茫茫的历史岁月中。

如今的桃花江在一系列的治理举措下，已经开始渐渐恢复生机。河畔一侧凭借着覆盖整街的涂鸦绘画，成为一个新兴的、时尚的"网红拍照点"，在2017年成都"最美街道"榜单上位列第三。这里承载了老成都人的记忆，也还原了老成都安逸的生活方式。"山桃红花满上头，蜀江春水拍山流"，未来经过一系列的努力，桃花江应该可以重回人们的视野，让曾经那些不经意的风景重现人间。

西北桥下的水乡气质

我们都说成都曾是一个水做的城市，市区内河网密布，水系发达。俗话说"江众多作桥"，于是成都也就有了各式各样的桥。这些桥，有些是横跨流水的有形之桥，有些则是平铺街市、不易察觉的无形之桥。这些各具特色的桥，共同构筑了这座城市中一道亮丽的风景线。成都的桥，可以说每座都有其独特的历史渊源，如成都北门的驷马桥，曾演绎了一段励志的传奇故事。这里我们要说到的这座桥，是府河进入成都市区流经的第一座桥——西北桥。这座桥的背后又有着怎样的故事与传奇呢？

江南水乡现府河

古人经常乘坐的交通工具不是马车或者轿子、鸡公车之类，因为这些成本太高，这和道路太少大有关系。杜甫离开成都的时候，以及明清时期湖广填四川的移民，基本上不走陆路，而是行船，走水路，这是以前人们的主要交通方式。即使到了当代，三四十年前的中国人在日常生活中还坐过摆渡船，无论黄河还是成都的锦江，摆渡船是河流两岸近距离往返最常见的交通工具，20世纪六七十年代，锦江上依然有这些来来往往、繁忙运行的船只。这是因为成都与水的关系太密切。如果你翻开明代文人王士性的《入蜀记》，就会发现成都处处都是水景："江流绕雉堞如

靓，即村舍扃扉、田塍沟渎，无非流水"，"水上林木翳映，所在
皆佳境"……

百多年前一些外国人在成都拍摄的老照片也为我们留下了成都
水乡般的风景，这里展示一些清末民初时西德尼·甘伯、威尔逊、
山川早水拍摄的成都老照片，可见成都东门码头浮满了乌篷船，临
河的房屋修起高高的墙基，小船轻盈穿桥洞而过，桥下妇女浣洗衣
物，河流浅处孩子玩耍，河岸的竹竿上晾着刚洗完的湿衣服。

百年前的成都，还真有几分江南水乡的气质。在这个充满水
乡景致的城市里，水运在交通运输中占有非常重要的地位。在没
有桥的地方，两岸的居民只能靠渡船来往和出行。在成都北门，
现在西北桥的位置，就有一个渡口，叫作封家碾。这里的两岸居
民就是长期靠渡船这种"水上的士"过河的。直到1938年，封
家碾渡口终于架起了一座木桥，因为桥在城外西北，所以取名为
"西北桥"。这座小木桥在建成差不多二十年后，却被1956年的
一场洪水冲毁，三年后这里又建成一座砖拱桥。到了20世纪80年
代扩建成都一环路时，西北桥与城市道路从此融为一体。

西北桥下漂流木

府河流水哗啦啦，
伙子河中放木筏。
饥饱冷暖咋个样？
幺妹儿就是放不下。
日子苦点莫来头，
巴望平安快回家。

这是过去金牛区流传的一首民谣，它以生动朴实的方言，唱出一方醇厚的世风民俗，也道出府河漂木的景况。

当年要将岷江山区采伐的原木运出，靠的就是水路。原木被锯成十米长的木段，以竹纤维捆扎成木排，一二十根木段为一木排，也叫木耙，放入河中，凭借水流运输，俗称"漂木"。木筏上有竹篷，能挡风遮雨，是放筏人吃住休息的地方。放筏人也称"漂木人""漂师"。这是一个具有高风险的工作，但为了生存，不少水性好又想多挣点钱的人就会选择这个职业，甚至还有"漂二代""漂三代"。

漂木期间的府河，木筏连着木筏，满河皆是，顺流而下，那场景就像赤壁连环战船一样壮观。漂师们仅穿着短裤，手持竹篙，闯滩过堰，操纵着木筏在府河激流中漂行。

说起漂木的历史，可以追溯到李冰治水时期。常璩《华阳国志·蜀志》记载："冰乃壅江作堋，穿郫江、检江……岷山多梓、柏、大竹，颓随水流，坐致材木，功省用饶。"这就清楚地表明，李冰修建都江堰水利工程所需的木材都是通过岷江水运而来，就连秦始皇的阿房宫、诸葛孔明修建蜀王宫使用的也是蜀山漂木材。到了唐宋时期，特别是高骈改道郫江筑糜枣堰（九里堤）以后，顺江而下的木材可以直抵东城的迎晖门，为成都城的修筑提供了很大的便利。宋代刘熙古、范成大、文彦博等都对九里堤进行过修缮，府河的木材水运作用也随之加强。

到了明代，四川的木材成为"皇木"。永乐四年（1406），为了修建紫禁城，朝廷派出工部尚书宋礼专程到四川督办采木事宜。此后，将四川作为原木产地纳入中央控制。明末清初，经历过战乱的成都城开始大规模地重建。总督年羹尧打通了直通成都的水运航道，岷江上游松潘、茂汶采伐的原木，灌县（今都江堰）一带的竹木，通过府河源源不断地漂运到成都。西北桥这里的封家碾，一度成为最为繁忙和热闹的码头。西北桥与漂流木的故事一直延续了上百年，许多老成都人仍然清楚地记得，就在西北桥的北边，还曾经矗立着一座大型工厂，府河纵贯厂区，这个厂的核心业务就与这府河漂木有关。

时光定格"漂"岁月

中华人民共和国成立之初，百废待兴，邓小平在西南局常委办公会议上说："要以修建成渝铁路为先行。"要修铁路，必然需要大批量的建设材料，而木材就成了建设材料的重中之重。在如火如荼的大建设中，处于府河进入成都门户的九里堤、洞子口（现在的沙河源）一带成了重要的木材集散地。1952年，国家成立川西林业局统一伐木，并成立岷江局，统一管理河上漂木打捞。大多数漂师和洞子口储木场的帮工，被岷江局收编，成为有保障、有尊严的工人。传统的漂师行业于1953年全部消失，岷江、府河上再也听不到"打烂筏子，淹死舅子"的童谣，也见不到府河、沙河中带篷的木筏和夜间闪烁的渔火。

从20世纪50年代开始，人们就不再采用以往放木筏的方式，而是将原木直接投入河中，称为"散漂"，这样做效率更高。丰水期一到，府河上所漂之木，千根万根顺流而下。一根根原木，粗者直径达半米，漂满水面，场面蔚为壮观。成千上万的漂木昼夜不息地漂进成都，然后在府河九里堤成都贮木场被收贮、销售，北门一带迅速发展成为成都市最大的木材集散地和木材加工基地。现在的曹家巷、万福桥、张家巷、金华街、上河坝等处就曾经云集了各种木业单位。当时厂房毗邻、机器轰鸣，汽车、牛车、马车、人力板车来来往往，原木和木制品进进出出，热闹非凡。一时，成都北门便有了"建北门"之称。

一家因府河漂木而生的企业——成都木材综合工厂，也在这场轰轰烈烈的建设中落户西北桥。1953年，林业部正式批准修建成都制材厂，这是新中国第一个五年计划中156个重点建设项目之一。

1958年，成都制材厂与成都胶合板厂合并，更名为四川省林业厅成都木材综合工厂。进入新时期，成都二环路通车为成都木综厂的发展带来新的契机。依据当时的规划，二环路北二段正好把木综厂分成南北两大块。又过一段时间，二环路外侧厂区渐渐以小食品批发为主，而二环路内侧厂区则规划成为以建材批发为主的府河建材市场。提到木综厂、府河桥，老成都人都还有深刻的记忆，当时那片区域因地处成都市二环路内的"黄金口岸"，所以盛极一时。

随着时代的发展，喧嚣一时的成都北门发生了翻天覆地的变化。2018年，府河市场已经全部搬迁，一个新型生活社区拔地而起。水运退出了历史舞台，木材从重要的生产材料向生活材料转变，府河漂木的壮观场面也定格在那些让人回忆的老照片之中。

万福来朝风雨桥

说到川菜，估计很多人比较喜欢的是麻婆豆腐，作为家常菜，无论是星级酒店还是苍蝇馆子或者是平民百姓家，都会做它，就连外国人也将它视为人间美味。英国美食作家扶霞·邓洛普在很多场合多次表达过对麻婆豆腐的喜爱，在美食纪录片《风味人间》中她还秀了这道挚爱川菜，给她的英国朋友做过无数次这道名菜。她说，要不是当年的一道麻婆豆腐，也不会有后来她的中国味觉旅行。一道朴素的国民菜麻婆豆腐凭什么征服了一位跨越文化藩篱、沉迷于中国饮食的英国人的味蕾？它又是在成都哪个地方诞生的呢？

万福来桥上祈万福

麻婆豆腐的诞生地是万福桥，万福桥在哪儿呢？它离成都文殊院不远，在府河靠北，也就是人民北路大桥。

唐朝西川节度使高骈出于加强北门城防考虑，将郫江（府河）改道，环绕成都北门，最终在合江亭与检江（南河）汇聚。高骈这历史性的手笔，改变了成都北门没有水道的历史，而万福桥就刚好处在府河水道转折之处。我们现在能找到关于万福桥最早的记录，是清同治时期的《成都县志》：

万福桥

▼

> 万福桥，县北二里。架木为桥，上履以屋，有亭有坊，长五丈，宽丈余。

至于为什么要叫万福桥，坊间流传两种说法。有人说，因为这附近有座万福寺，也就是我们常说的万佛寺、净众寺，万佛、万福发音差不多，各有含义，老百姓就把这座桥叫作"万福桥"；也有人说桥头曾经有"万福来朝"的匾额，所以此桥就得名"万福桥"。不管这桥是因何得名，"万福"这名字听上去很吉祥，也很喜气。也正是因为这个喜气的名字，以前这里就有"踩桥"的民俗活动。传说在春节期间，正月十五前，你只要走过万福桥，就会在新的一年拥有好运，所以不少人会为了沾喜气跑来这里踩桥，甚至连新人结婚也会把花轿抬到这里来过一次桥，图个"吉祥安康"的好兆头。这种习俗与现在成都的新人们结婚爱去合江亭"爱情斑马线"走一走是一个意思。这样的民俗活动一直持续很多年，直到1947年成都发生了一件大事。那年夏天，成都遭遇了一场巨大洪灾，这场洪灾是成都水文资料中记载最大的一次。惊天暴雨连绵七天，成都平原一片泽国。当时的《新中国日报》报道说："东校场被淹没，自城墙上视之，与大劫无异。"《申报》在新闻报道中也这样描述："由于天灾人祸，患害频来，使悠闲的成都社会，变成了一幅哀鸿遍野的流民图。"这座能带给人们好运的桥，也未能幸免，它在这场洪水中被完全冲毁。城里有六十多座桥被冲毁，万福桥边的陈麻婆豆腐店也被大水冲毁了一半。

"麻婆豆腐"那些事

说起陈麻婆豆腐的诞生，该是清朝的事儿了。道光四年（1824），有人在万福桥的桥头开了一个乡村饭馆，叫作"陈兴盛"，这也是麻婆豆腐和万福桥的渊源。陈麻婆本不姓陈，她姓刘，因为当姑娘的时候嫁给了一位叫陈春富的人，随夫姓，改姓陈；又因为她脸上有些麻点，所以人们就叫她为陈麻婆。他们这家店有一道镇店之宝：红烧豆腐，这道菜"麻、辣、脆、嫩、烫、鲜、浑"，不仅味道巴适，而且物美价廉。万福桥因处在出入成都北门的一条必经之路上，所以来往的人很多。加上从岷江上游漂运下来的木材从这儿流过，木材商人及放漂工人也把这家店当作工作食堂。客人中最多的就是贩夫走卒和推车抬轿下苦力的人，他们每次来必点这道红烧豆腐，又好吃、又营养、又下饭，价格和服务都很亲民。久而久之，陈麻婆做的红烧豆腐就被叫作麻婆豆腐，声名远播。清代傅崇矩的《成都通览》中，这家小饭馆还荣列"成都著名食品店"榜单，可以说是一家"网红店"。民国初年成都人冯永吉所编的《成都竹枝词》中也曾写道：

> 麻婆陈氏尚传名，豆腐烘来味最精。
> 万福桥边帘影动，合沽春酒醉先生。

麻婆豆腐和巴蜀火锅一样，都是劳动者的智慧体现。只是重庆火锅是大江大河的豪气，而麻婆豆腐则更像成都人的脾气，辣而不燥、静水流深。这道麻婆豆腐成了"网红菜品"之后，就连著名的成都作家、开过饭馆的李劼人，也带着家人来此解馋，他还把陈麻婆豆腐店写进了书里：

> 白竹筷，土饭碗，大米饭，臭咸菜。……及至叫到做碗豆腐来，十分土气的幺师古典式地问道："客伙，要割多少肉，半斤呢？十二两呢？豆腐要半箱呢？一箱呢？"

不过最初这家店不叫陈麻婆豆腐店，是因为抗战时期万福桥边冒出一家叫"江头归"的饭馆，宣称自己最擅长做红烧豆腐。老陈家一看不对劲，赶紧用了"麻婆豆腐"这个名字，以示区别。当然，"江头归"后来销声匿迹了，麻婆豆腐却成了川菜最有名的代表之一，中华人民共和国成立后传到日本，大受欢迎。只是"陈麻婆豆腐"正式命名比较晚，这个店招是书法家余中英在1966年书写制成的。余先生1940年做成都市市长，春熙路孙中山先生铜像和川军抗日将士无名英雄像，都是他请著名雕塑家刘开渠塑造的。

夕照打沙船

20世纪70年代的成都，人们常在府河挑水、洗菜、淘米，暑假的时候，游泳的人特别多，简直就是一幅静美安详的"成都上河图"，令人难忘。其实万福桥一带，成都人就叫它上河坝，那时候河流的水量远比现在大，水也清亮，流到这一带水势比较平缓，尽管有沙石，但沙子特别细腻，和海边的沙子一样细，捧在手上可以从指缝里往下流。府河进入成都市区后，先是在金牛区的西北桥拐了个弯，然后又在五丁桥前分出了饮马河，因此府河水势明显减缓，万福桥一带就沉积了大量河沙。当年，万福桥一带水道的河沙很有名，常年有两三只打沙船在河底捞沙，"夕照打沙船"成了万福桥一道很有意蕴的风景画——夕阳下，落日镕金。工人们将万福桥下的河沙装上船，撑到岸边，在开阔地堆成一座座沙山，每天就会有架架车来拉沙。也正是因为万福桥下水流平缓，河底多沙，河岸边还有沙滩，踩在脚下软绵绵的，这里便成了成都人游泳的好去处，也成了当地居民印象最深的回忆。

20世纪60年代，这里是一个很受欢迎的天然游泳场：一到夏天，万福桥河边就是孩子们的天下，这个"上河坝"的水清澈见底，还能见到鱼儿游来游去。小孩子们三五成群，嬉戏、打水漂，还会跑到西北桥附近的木综厂里游玩，胆大的就从万福桥上"跳飞燕""跳炸弹"入水。还有些家庭带着篮球胆或自行车内胎当游泳圈；条件好点的、洋气一点的，拿真的游泳圈，花花绿绿的；豪华一点的，是用打足气的汽车内胎。有这么多游泳的人，"游泳经济"也随之兴起，卖游泳圈和游泳衣裤的、卖夹大头菜锅魁的、卖冰糕的、卖凉粉的……尽管那时候的万福桥已随着火车北站的建成而变成了钢筋水泥大桥，但是桥下还是一片田园风光。府河两岸形形色色的杂树高高低低地铺陈出鲜嫩浓郁的绿色，密密匝匝的灌木丛层层叠叠地伸向河边，孩子们玩水，大人们钓鱼捉虾；这里还是两岸很多家庭生活用水的主要来源，大人担水，小朋友用小桶拎水……说起这些万福桥的往事，很多老成都人依然记得那时候桥下水波浪涛里的美好与欢乐。

万福桥，这座历史悠久的古桥，连接了成都的过去与现在。陈麻婆的豆腐、夕阳下的打沙船、孩童们的天然游泳场，有些都已是遥远的历史，但对它乡愁般的记忆，依然充满了活力，焕发着光彩。

凤凰山上凤凰游

凤凰是中国人心目中的瑞鸟、吉祥鸟，古人认为如果遇到太平盛世，便有凤凰飞来。正因为这美好吉祥的寓意，凤凰自古以来就受到人们的崇拜与喜爱。全国各地有"凤凰山"的地方不少，在成都北郊金牛辖区也有一座凤凰山。这座山左有天延山、右有武担山，前后两山首尾相顾，从远处看就像迎风展翅、翘首远望的凤凰，所以叫"凤凰山"。凤凰山有很多故事，以前也有很多个名字，包括斛石山、升仙山、学射山等，而且每个名字的背后都有着神奇而有趣的说法。下面，让我们一起"游赏"这座成都的名山，去领略凤凰羽翼下的风土和人情。

山名更迭风水地

其实，说山夸张了点，凤凰山应该是离成都市中心城区最近的一个丘陵，它最早的名字和古蜀国望帝杜宇有关。相传杜宇住在天回山上，女儿杜凤病死于宫中，埋葬在天回山西南边上，以便他可以随时看到爱女之墓，他还命人在墓上覆盖大石镜。这大石镜的形状就像古代的量器——斛，后人就把这座山叫斛石山。这是最早的名字，后来这里又叫学射山，这个名字的改变跟著名的蜀汉后主刘禅有关。三国时期战乱不休，各国都在快速加强军事力量，身为刘备继位者的刘禅也要习武强身，起好带头作用。于是就特地在成都北郊斛石山辟出演武场，学习骑射及军事技术。宋代诗人何耕有诗道：

> 昔无雄略但儿嬉，尚想山头学射时。
> 忽报阴平鱼贯入，可怜一镞不能施。

只可惜刘禅最终还是没能继承他爹和诸葛相父的大志，但他在凤凰山练习射箭的铺排和张扬，对后世的旅游开发还是起到了很好的推动作用。这座山也因此而有了它的第二个名字——学射山，只不过这个名字到了宋代才全面叫开。

在刘禅之前，凤凰山还拥有过"升仙山"的名字。西汉时成都北门著名的驷马桥最早的名字叫升仙桥，桥下有一条河叫升仙水（沙河），升仙水附近的山叫作升仙山，就是今天的凤凰山。为什么叫升仙山呢？传说汉代有一个修仙的成都人，叫张伯子，在此山中修道多年，最终在三月三日应玉皇大帝诏令而跨虎升天，成了神仙，张伯子修道成仙的地方由此便成了升仙山。可能是因为这座山

凤凰山鸟瞰图

有了仙气，被人视为难得的风水宝地，从明代开始，此山便成了蜀藩王的陵园，昔日人来人往的山区由此变成了禁区。为了取吉祥之意，学射山从此更名为"凤凰山"，并一直沿用至今。

早在两千多年前，成都历代官绅就常选在凤凰山建立墓园，这在考古材料中得到证实。有一批来自西汉的用于贮酒的陶罐，就给我们带来过惊喜。在经历两千年的岁月侵蚀后，这些罐子的盖子上，依然清晰可见有"酒"和"甘酒"的字样。不仅如此，20世纪80年代，考古人员在凤凰山的一座汉代古墓中还发现了一个有趣的东西。在随葬的捕鱼篮子里，有一些未炭化的植物种子，考古人员用湿布覆盖，没想到过了一段时间，这些种子竟然生出嫩芽。经移植培育，这些幼苗开花结果，果实呈红颜色，形状有点像大枣，它们顽强的生命力让人们备受鼓舞。

凤凰山的土，对成都也有过很大贡献——修筑过成都城，也用在全兴酒的窖池。当年张仪修建成都城时非常不顺利，因为成都的泥土非常松软，城墙屡筑屡坏。最后用了凤凰山的土，才把成都城修筑起来。唐朝有一名来自新罗的留学生崔致远在《桂苑笔耕集》中记下这件事：

蜀地无土，昔张仪筑子城，辇土于学射山，日役往返，九载后始成。

凤凰山又是怎样和全兴酒发生联系的呢？凤凰山的土质好，"黄得发亮，黏得腻人，保水持久"，最大的特点就是微酸性，是酒窖池的好材料，由此全兴酒香飘几百年。所以说，有了凤凰山的土，才有了"与咸阳同制"的华丽的成都城；也因为凤凰山微酸性的土，才让全兴酒有了"窖香浓郁"的迷人芬芳。耸立成都城北数千年的凤凰山，虽历经风雨，却也在流年转动中，书写下灿若星河的城市篇章。

成都燕集此极盛

刘禅习射演武的故事，使凤凰山有了"三国文化"这个大IP，人流量自然大增。每逢节假日人们就到这里来休闲娱乐，追思三国。特别是到唐宋时期，成都的游乐之风达到高潮，凤凰山的游客数量剧增。相传当时的剑南西川节度使韦皋镇蜀二十余年，也经常率幕府官员、随从在此搭棚设宴、赏花游园，相随左右的人当中就有幕府红人薛涛小姐。从薛涛的诗《斛石山书事》中我们就可以大致看到当时凤凰山的美景：

> 王家山水书图中，意思都卢粉墨容。
> 今日忽登虚境望，步摇冠翠一千峰。

到了宋代，我们依然能从文献记载中找到这里的影子，如《成都府学射山新修祠宇记》中记载：

> 成都燕集，用一春为常。……然各有定处，惟此山之会最极盛。

集市庙会微缩景观

　　凤凰山的游山活动是成都所有庙会、集市中最为热闹的。

　　宋代成都知府田况曾写了二十一首《成都遨乐诗》，记载了在成都不同节日里遨游的事，其中有一首专门记述成都人三月三日登凤凰山的盛况：

> 丽日照芳春，良会重元巳。
> 阳滨修祓除，华林程射技。
> 所尚或不同，兹俗亦足喜。
> 门外盛车徒，山半列廛市。

　　山上车水马龙，和今天的春熙路好有一比。在众多游客中还有一位爱花狂人，他也是凤凰山的常客，这位爱花、爱酒爱美食的诗人叫陆游，他对凤凰山情有独钟，他的诗给凤凰山打了不少免费广告，如《三月一日府宴学射山》：

> 北出升仙路少东，据鞍自笑老从戎。
> 百年身世酣歌里，千古功名感慨中。

　　还有一首《学射道中感事》：

学射山前宿雨收，篮舆呀轧自生愁。

得闲何惜倾家酿，渐老真须秉烛游。

两篇还不够，陆游又在一次凤凰山游玩后诗兴大发，写下了《游学射山遇景道人》：

出门恣幽讨，老仙有遗躅。

丹灶虽已空，药丸遍山谷。

陆游的这几篇作品相继发表，更是令凤凰山声名大噪。既然名气越来越大、郊游的人越来越多，有生意头脑的人就在这里搞起了商品交易会——蚕市。宋代成都的"十二月市"中，蚕市规模最大、影响力最大，每年要办七八次，会在成都的五个城门同时举行，其中三月三日的蚕市就在凤凰山，元代费著《岁华纪丽谱》记载："三月三日，巫觋卖符于道，游者佩之，以宜蚕避灾。"蚕市上什么都卖，不但跟养蚕有关，还会有各种农用物资、药材等交易；不仅白天可来，还有夜场；不仅有看的，还有吃的，人声鼎沸、音乐环绕，好不热闹。

唐宋时期成都的经济非常发达，凤凰山的蚕市就是宋代成都经济繁荣的一个缩影。只是这样的热闹场景，到了明代后就渐渐销声匿迹，归于宁静的学射山又延续着另一种社会生活方式。

曙光历照演兵场

《太平寰宇记》记载："学射山，在成都县北十五里，刘主禅学射于此。"三国时期刘禅在这里学习骑射及军事，接受正规的射击训练。虽然他并没有成为百步穿杨的领袖，但名人效应很厉害，凤凰山不仅得了个新名，还变成历代军事演武之所。前蜀王建时期学射山曾举办过军事体育比赛：那时山边的林间空地设有专门的射棚和骑射场，中间搭有彩棚。三通鼓响后，场上马蹄飞扬，场内人声鼎沸，喝彩不断，有美女参与报数，获胜者有物质奖励。甚至到了宋代，人们郊游凤凰山的一项重头戏，就是骑马射箭，进行体育竞技。费著在《岁华纪丽谱》中就曾说："三月三日出北门，宴学射山，既罢，后射弓。"看来现代凤凰山公园的竞技基因，早在千年前就已经存在。

只是到了明代，凤凰山划为蜀王府的陵园后，禁止游乐。直到清末民初的时候，凤凰山才又迎来新的变化，这里重新变成新兵训练场地。当时全国成立新军三十六镇，袁世凯下了很大功夫，东北、中原、长江流域都有，四川就以凤凰山为大本营，"习洋枪，学西法"，在强国兴军的浪潮中，凤凰山一时间旌旗飘扬，气势如虹。当时有一首民谣这样唱道："好山好山真好山，枪打凤凰炮连天。"尽管这场轰轰烈烈的新军运动最终因没有相应的军事工业和经费做支撑而泡汤，但是它所形成的军事功底，对后世的影响也不能小觑。

现在成都人说起凤凰山，第一反应就是那里有一个军用机场——凤凰山机场。

凤凰山机场的故事很多，它最有名的成绩应该是在2008年的汶川特大地震和2013年的芦山地震中取得的。两次抗震救灾，凤凰山机场都是救灾和医疗输送工作的主要航空枢纽，成都军区陆航团也因此声名大振。凤凰山机场的来历其实与当年袁世凯的新军运动有关。1915年2月，袁世凯把北京南苑航校的三架法国制造的飞机运到成都，组建"航空连"。这三架飞机不是飞来的，因为那时候还没有机场，只能拆散打包从水路、陆路分别运来，花了一个多月时间；同时，袁世凯安排人在成都凤凰山上推了一个大平坝，这就是成都历史上最早的机场——凤凰山机场，成都人也是第一次在成都上空看见"铁疙瘩"在天上飞。1933年，国民政府将这里改建为民航机场，这年的6月1日，一架美国制造的飞机第一次降落在凤凰山机场，这也是成都民用航空开通的第一条航线——重庆至成都航段，航程差不多二百七十五公里。当时的《新蜀报》如此报道："欧亚、中航两公司，俱于成都设有航空站，故蜀道虽难，已解决不少！"

抗战爆发之后，日军对作为中国战略大后方的四川进行持续性的大规模"战略轰炸"。中国空军建设迫在眉睫，四川遵循国民政府的密令，新建和扩建九个机场，其中就有凤凰山机场。1937年冬扩建完毕，凤凰山军用机场由此成为大西南重要的空军基地。当时的建设条件非常艰苦，劳动者仅靠一双手和锄头、石碾子这些原始工具，一点点地把凤凰山机场扩建出来，用"筚路蓝缕"这个词来形容再恰当不过。当年发布的一份修凤凰山机场的训令文件，可以从侧面说明当时的情况："至工具一项，每保只有二名，应带锄头、背篼，务须择选适用者，民工更须挑选精壮，不得以老弱病残充数。"为了修建、扩建这些机场，成都及其周边各县征集了大量的民工、士兵，肩挑背扛、举家出动，建成可以供美军大型轰炸机使用的机场，而且工程质量相当高。1943年12月，凤凰山机场又被列为"特种工程"之一，成为美军的战斗机（也叫驱逐机）机场，保护成都领空不被日军飞机空袭，同时战斗机还配合美军轰炸机轰炸日本本土。

凤凰山机场还见证了蒋介石逃离大陆的一段历史：蒋介石的

双脚离开大陆这块土地前，最后那一刻站在凤凰山——他飞去台湾的飞机就是从这儿起飞，时间是1949年12月13日。原来，当年11月30日，重庆解放，蒋介石仓皇撤退至成都，住在成都黄埔军校北较场黄埔楼上，其坐镇指挥，负隅顽抗，意欲与人民解放军做最后决战。但解放军攻势迅猛，军心涣散的国民党军队迅速土崩瓦解，蒋介石一看大势已去，就在凤凰山登上逃往台湾的飞机，从此，再也没有踏上过大陆的土地。

如今的凤凰山每天都有军机在训练，凤凰山延续千年的游乐传统也重新成为成都市民百姓的日常。2012年，凤凰山公园正式开园，占地两千多亩，是成都主城区最大的山水生态公园、山地公园，被称为成都主城区的"绿肺"。公园里处处充满"凤凰"元素：大门口有凤凰雕塑，路灯顶端是凤凰样式，砖墙上也有凤凰图案。这里因地形起伏较大，空气清新，不少运动爱好者经常来这儿打卡锻炼。2018年的成都市绿道系列赛事首场活动，就是在凤凰山公园欢乐开跑的。

2019年8月中旬，第18届世界警察和消防员运动会在成都完美落幕。这场世界性的体育赛事，成为成都人自信心的亮点，也是朋友圈的分享热点。世警会期间，金牛区作为全市九大赛区之一，分别有三个场馆，承担了五个比赛项目，其中小口径步枪、气步枪、射箭这三个项目都在四川省陆上运动学校举办，这三个项目都和射击有关。四川省陆上运动学校曾经走出过许多体育明星，比如1984年洛杉矶奥运会射箭银牌得主李玲娟，1992年巴塞罗那奥运会女子双向飞碟金牌获得者张山……这个学校最早在成都华阳姐儿堰创建，20世纪60年代初搬迁到成都北郊凤凰山。从蜀汉后主刘禅在学射山学射，到后来四川省陆上运动学校的迁移落地，再到世警会射击项目的举行，这冥冥当中似乎有着千丝万缕的关系。

现在我们常说"活力金牛，音乐成都"，说这话是事出有因的。原来刚亮相不久的凤凰山露天音乐公园，是目前世界上最大的全景声半露天半室内双面剧场，也是目前西部地区乃至全国范围内顶级的露天音乐演艺场地和城市音乐主题公园。这座极具设计感的建筑颜值高、水准高、地位高，占地之大，差不多有五十五个足球场那么大。而且随着2021年世界大学生运动会正式落地"成都"，一座能容纳六万人看足球，配备适合篮球、羽毛球、冰球、体操等各类赛事的标准场馆——凤凰山体育中心正在全力建设中。凤凰山体育中心等一系列体育场馆的建设落成，将有力助推成都世界赛事名城的打造。未来的成都北郊将爆发怎样超级巨能的城市之音，演绎如何拼搏动感的城市节奏，我们翘首期待！

天回镇，天子回

说起古镇，成都周边就有不少很热闹的古镇，比如洛带、黄龙溪、五凤溪、平乐古镇等，时下，这些古镇基本上都被开发成旅游景点。这里推荐的这个古镇，可能有点另类，既没有青石板铺就的老街，也少见手持相机蜂拥而至的游客，但它的名气一点也不小。这座小镇跳出了中国现在千篇一律"商业+旅游景点"的古镇开发模式，而是将那份历史的厚重感镶嵌在极具烟火气息的生活细节中。这分骨子里透出的厚重感，隐藏在河边喝茶闲谈的老人嘴边，隐藏在菜场集市讨价还价熙熙攘攘的人群中，隐藏在飘着豆腐与牛肉香气的餐饮馆子里。

天回玉垒作长安

在成都北郊，有一个天然氧吧，这里以前叫作成都天回山林场，1983年改名为成都市植物园，有两千多种植物，是西南地区规模较大、种类繁多、功能齐全的植物公园，很多成都人都特别喜欢来这里游玩，这里还是不少成都新人拍摄婚纱照的取景地。园中浓荫蔽日、古木参天，即使在炎炎夏日，依然凉爽宜人，而园外的天回镇，每天都在循环着它宁静朴素的平凡生活。

天回镇背靠天回山，天回山，古称"天堕山"，扬雄《蜀王本纪》中曾说："有王曰杜宇，出天堕山。"这座山便因古蜀王杜宇而得名。相传杜宇在这里开山植树，教民务农，这座山也就成了一座锦绣之山。杜宇仙逝后化作杜鹃鸟，春耕时节，布谷声声催促人们耕地插秧，结果其因昼夜啼叫而啼出鲜血，鲜血染红了山花，这些被染红的山花就被称为杜鹃花。后人为了纪念杜宇，就在天堕山遍植杜鹃花。唐代蜀中名士张冬荣在其《天回山》诗中这样写道：

> 一撮神土从天堕，无端挡得御驾回。
> 谁能忘却杜鹃鸟，望帝心声化翠微。

如今的山上不仅有红艳艳的杜鹃花，还有金灿灿的银杏园。

天堕山是如何变成天回山的呢？有两种说法，一种说是"堕"这个字太难写了，人们为了图方便，就改成了"回"。另一种说法与唐朝天子有关。据清代顾祖禹《读史方舆纪要》记载："及玄宗幸蜀，返跸时经此，土人呼曰天回山，下有天回镇也。"说的就是唐玄宗的故事。"安史之乱"爆发时，沉湎于杨贵妃温柔乡的唐玄宗，已经不是当初那个励精图治的天子，他的第一个反应就是"闪"。往哪儿闪呢？首选就是秦岭之南的天府之国。于是唐玄宗狼狈地沿着古金牛道一路向南，穿过崎岖险峻的蜀道，抵达成都，而入成都的第一站就是天回镇。

天回镇自古以来就是成都出蜀的必经门户，当年司马相如经过这里，壮怀激烈地往北绝尘而去，李白、杜甫也是一出一进在此留下了匆匆的脚印，如今这里又迎来了一位失意天子。李白有诗《上皇西巡南京歌》（因在京都长安之南，自唐玄宗避"安史之乱"入蜀后，成都被称为"南京"，成为唐王朝的陪都）描写这位天子来成都后的境况。李白这首诗很有名，"九天开出一成都，万户千门入画图""地转锦江成渭水，天回玉垒作长安""水绿天青不起尘，风光和暖胜三秦"。试想，如果不是成都风光秀美、物产丰富而又道路险塞，唐玄宗又怎么会将成都的锦江当成渭水，把天回玉垒看作长安呢？

成都的风光不仅舒缓了唐玄宗一路而来的紧张神经，成都的美食也给了这位天子莫大的慰藉。传说某日唐玄宗饥肠辘辘，在天回镇点了一碗豆腐，刚吃完豆腐，正在回味那种奇妙的滋味时，忽听收复长安的捷报传来，立即扔掉筷子打道回府，后来，人们取"天子回朝"之意，便把这个小镇取名为天回镇。这场"逃亡之旅"被美化成唐明皇的"幸蜀记"。撕开这层看似美丽的外衣，我们看到这场"南下旅行"让唐玄宗得以躲过兵祸幸存，也让他失去了他最爱的女人和帝国的尊严，同时还让这个名不见经传的蜀地小镇声名大噪，让天回镇的豆腐也因这个名人效应，成了闻名遐迩的成都特产。天回镇的豆腐经过千百年来好吃嘴们的品鉴，结论就一个——"鲜嫩爽口"，它的口味是别的地方比不了的。唐玄宗说"天回豆腐当肉干"；已故著名作家、美食家车辐先生也好这口，他在《锦城旧事》里就多次提到天回镇的豆腐，并给书中的一个角色起名"嫩豆花"。知名的天回镇豆腐，至今仍在小镇的老街上散发着诱人的醇香。

死水微澜起天回

就在成都与新都之间，刚好二十里处，在锦田绣错的广野中，位置了一个不算大也不算小的镇市。你从大路的尘幕中，远远的便可望见在一些黑魆魆的大树荫下，像岩石一样，伏着一堆灰黑色的瓦屋；从头一家起，直到末一家止，全是紧紧接着，没些儿空隙。在灰黑瓦屋丛中，也像大海里涛峰似的，高高突出几处雄壮的建筑物，虽然只看得见一些黄琉璃碧琉璃的瓦面，可是你一定猜得准这必是关帝庙火神庙，或是什么宫什么观的大殿与戏台了。

一撮神土从天瘗
无端挡得御驾回
谁能志却杜鹃鸟
望帝心声化翠微
——
〔天回山〕

这是成都本土著名作家李劼人笔下的天回镇，出自他的作品《死水微澜》。在唐玄宗"幸蜀"一千年后，天回镇以这样的方式再次回到人们视野当中。在李劼人的作品中，邓幺姑、顾天成等一群市井小民，和教民以及以罗歪嘴为代表的袍哥两股势力，在这个小镇上上演了一幕幕闹剧、丑剧，酷似一潭死水的天回镇也掀起了一点点波澜。

《死水微澜》作为现代文学的经典小说而广为流传，特别是随着电影电视版等影视作品的流行，天回镇已经成为成都的一道特色文化符号。其实一个人物或者一部作品能影响一个地方，这样的例子并不鲜见，比如鲁迅笔下的鲁镇，虽然这个小镇在现实生活中并不存在，但这个小镇却早就因为鲁迅的小说而存活在千百万读者的心中。随着祥林嫂、阿Q、孔乙己这些人物一一登场，他们生活的鲁镇，已经成为人们关于江南水乡最深刻的印记。而另一个如今非常热门的旅游地，也是因为一位文人的小说而声名鹊起，这个地方被新西兰著名作家路易·艾黎称赞为"中国最美丽的小城"，它就是凤凰古城。事实上，湘西凤凰古城能有今日的名气，恐怕很大程度上要感谢作家沈从文。沈从文把故乡凤凰写进了他的书中，也让那里的美景和风情走进了世人心里。不得不说，这些地方都是因为一系列作品的问世而为人们所熟知。

话说回来，不少人有疑问，那时成都市郊的场镇有四百多个，为什么李劼人偏偏选了天回镇作为特定的历史舞台，将它写入了自己的书中呢？我想原因无非就两个，第一是李劼人曾经在此生活过很长一段时间，对天回镇有着很深的感情。另一个则是这里的特殊性，这里是成都北门第一重镇，是古蜀道的起点，是出川入川的必经之路，以前入川任职的官员都是由此赴任，同时这里还是历代的军事要冲，清末时期的哥老会（袍哥）在这里也形成了一股强大的民间力量。所以这里能成为《死水微澜》的故事发生地，应该是李劼人先生深思熟虑过的。

天回镇是幸运的，因为李劼人将《死水微澜》的故事放在了这里。如果没有李劼人，没有他的《死水微澜》，百年前极具生活气息的天回镇又如何能从褪色的历史中走出来呢？那些关于大唐天子在天回镇班师回朝、品尝美食的传说有着过于强烈的"镀金"色彩，而《死水微澜》却是百年前天回镇最接地气的人文印记。

一笑千年天回山

如果你喜欢逛博物馆，你就会发现，在全国各地发现的东汉陶俑中，只有四川陶俑全部面带笑容，几乎没有一尊陶俑是严肃的或者带有怒目、沮丧等消极表情的。无论是庖厨俑、持镜俑，还是劳作俑、生活俑，他们无一例外都保持着微笑。其中要说笑得最"嗨"的陶俑，非说唱俑莫属，特别是这尊被中国国家博物馆收藏的击鼓说唱俑。你看他手舞足蹈的那个兴奋劲儿，活脱脱就是一个"表情包"，这大概也说明四川人的乐观开朗是有遗传基因的。这尊被誉为中国十大国宝级的大名鼎鼎的击鼓说唱俑，

中国国家博物馆收藏的击鼓说唱俑（局部）

就来自成都北郊的天回镇。

对中国文物考古界而言，汉代有三宝：汉阙、画像砖和陶俑。汉阙是建在城门或建筑群大门外表示威仪的建筑物；画像砖在前文关于曾家包汉墓和羊子山土台遗址的介绍中已有述及；这里重点介绍陶俑。1957年在成都天回山崖墓中发现的"击鼓说唱俑"是泥质灰陶，高55厘米，俑身上原有彩绘，可惜过了两千年，色彩已经完全脱落。他裹着头巾，光着上身，袒胸露腹，下着长裤；左胳膊下夹着一个圆形扁鼓，右手高扬鼓槌，好像正要敲击的样子。陶俑最能打动人的地方，是它的表情，非常具有感染力。说唱俑笑得很欢快，眼睛都眯成一条缝，笑得抬头纹都显现出来。

早在东汉时期，说唱艺人被叫作"俳优"，他们用戏谑、滑稽、夸张的表演，一边击鼓一边说唱。那时的文艺工作者除了说唱艺术的俳优，还有擅长歌舞、器乐、杂技、魔术、斗兽等各种表演的艺人，可以说整个汉代，从宫廷到民间，百戏十分流行。那时的人们之所以热衷追求精神享受，归根到底还是由于国力的强盛和人民生活的安康。有钱有闲有安全感，人们才会精神充实。要放到兵荒马乱的时期，人们想得更多的可能还是生存问题。

汉代盛行厚葬的风气，无论是王公贵族，还是黎民百姓都希望自己死后也如生前一样，所以他们会将自己的心爱之物放入墓中，跟随自己一起升入天国。喜欢说唱艺术的主人去世后，会将说唱俑带入墓中作为随葬品，目的是陪伴主人在另外一个世界延续快乐。这尊击鼓说唱俑是汉代娱乐文化繁荣的最有力的物证，也让我们看到了两千年前四川说唱艺人的状态，它传递出古代四川人乐观、开朗的精神特质，并延续至今。

"金马书刀"现天回

说起刀，你会想到什么？有人会想到刀光剑影的战争场面，有人会想到厨房里美味佳肴的准备过程。而这里我们说的刀，用途跟这两种都不沾边，它大放异彩的地方是在书房。

我们知道，在纸发明之前，竹简是古人书写的重要载体。书写过程中如果写错了字，一把小刀就会派上用场。古人发生笔误时，只能用削刀将原字从简牍上削去，重新再写。汉字"删除"的"删"字就是最好的说明——"删"字右边就是一把削刀，左边是用简牍编成的"册"，非常形象。因此，刀也是文房之宝。为了方便携带，人们还会在书刀上做一个环形把手，方便人悬挂在腰上随身携带。

铁书刀

　　汉朝市面上出现了一些著名的书刀产品和品牌，蜀地出产的书刀最为有名。西汉景帝时，文翁在四川办学堂，首批送往长安求学的人都携带蜀地造的书刀。没想到，这一批"成都造"书刀迅速在首都引起轰动，文人学子们争相目睹，极为热爱。而这些书刀中，最有名的叫作金马书刀，它不仅锋利无比，而且还很特别：书刀上用金丝错出马形，刀上还会刻这把书刀的制作者姓名，有点"设计师品牌"的意思。

　　1957年的成都天回山上，人们在一个叫作"蛮洞"的崖墓中发现一尊击鼓说唱俑后，又发现这里还有一把铁书刀。这是一把东汉时期的环柄错金书刀，只是上面的错金图像不是马，而是鸟——凤纹。在锈迹斑斑的刀上，还隐约可以看见一些隶书铭文。虽然这些文字已不完整，但基本交代了这把书刀的来历背景。这把书刀为光和七年（184）广汉工官所制，被发现时，保存比较完整，最后专家学者一致认为，这把书刀应为当时书刀中的名优产品。天回山一下子出土了两件国家级宝藏，让人们把目光再次投向中国的西南，成都北门第一重镇天回镇也因此蒙上了一层神秘的色彩。

　　从唐玄宗打道回朝的天回镇，到李劼人笔下市井气息极浓的天回镇，这个小镇好像自带话题，总会有些传奇故事，将这日复一日的质朴生活激起涟漪。这座古金牛道出川的第一座驿站，在浮浮沉沉中，不知迎来送往了多少游子与过客。杜宇教民务农耕种的传说可能已经被人遗忘，幽默豁达的东汉说唱俑和汉代"网红"产品错金书刀，依然在博物馆里延续着自己的魅力。虽然《死水微澜》里发亮的冬水田已经消失在时间的长河里，但我们也欣喜地看到一股新的生命力在这儿蓄势待发。在天回镇的街头，一座以东汉说唱俑为主题元素设计的 "嘻乐园"，既是乐观豁达的四川精神的具体展示，也是延续，更是向上生长。

天回山风貌　冷冰摄

《天回风貌》 周裕国等绘

府河　冷冰摄

洞子口里流沙河

　　说起沙河，一般人印象中最深刻的大概有两条，一是《西游记》里的流沙河，二是《南征北战》里的大沙河。成都人对沙河情感深刻。沙河不仅名气大，而且历史悠久。关于它的故事最早可以追溯至西汉时，那时这条河叫作升仙水，宋代时叫作"沙水"，南宋陆游就曾留下"桥边沙水绿蒲老"的诗句，到了明代沙水正式改名沙河。

　　千百年来，这条美丽的河流昼夜不息地流动，却从来不曾忘记滋润土地，养育万物。这条历史悠久、奔流不息的河流，它的源头到底在哪儿？它给成都人又留下了哪些故事呢？

府河漂木的水木年华

　　要说沙河的故事，得先从府河说起。府河从郫都的三道堰顺流而下，进入成都西北郊的洞子口时，分出了一条支流，这条支流就是沙河。洞子口就是沙河的源头，只是现在它有了一个更官方的名字，叫作"沙河源"。其实得名洞子口，也很有点年头。《洞子口乡志》中是这样说的："乾隆三十一年（1766）乡人引杨泗堰水灌高田，水越沙河上桥，在桥上筑渡漕，每日流水淙淙，水似乎由洞中流出。"关于书中所说的洞子口来历，我们似乎还能从现实场景中找到些许影子。在现在的洞子口，有一座桥叫作"洞梁子"，桥身埋在地下，如果你凑近观察，会看到沙河水从桥下两个洞子喷涌而出。据说如果遇到洪水季节，喷出的水能有近一米高。每到这个时候，附近的孩子们都会欢呼雀跃，结伴去看热闹。其实说起洞子口，不仅孩子们爱这奇妙景观，不少住在这儿的老一辈人也有着很深的感情，因为这里曾经留下了他们的汗水，保存过他们的青春。

20世纪50年代的洞子口，人来人往，非常热闹，这里曾是岷江水运木材的重要集散区，聚集了木材运输与加工的各种企业。这种情况与西北桥的府河漂木差不多。当这些木材顺着府河源源不断地漂运到成都时，九里堤因为其特殊的位置，便成了成都水运的门户，北门一带迅速发展为成都市最大的木材集散地和木材加工基地。

后来，因发展生产、成都防洪安全等需要，成都贮木场的场址就由九里堤迁到洞子口，只是那时候，人们已经不再采用以往放木筏的方式来运输木头，而是将原木直接投入河中，被称为"散漂"。沿河飞驰而下的原木，一路奔涌，从府河进入沙河，然后被工人们打捞上岸。据贮木场的老员工说，每年5月、6月到12月是洞子口的工人们最忙碌的时候。春夏岷江水涨，那些漂木顺着河道横冲直撞，浩浩荡荡，经鱼嘴，穿宝瓶口，入柏条河，进府河，直抵成都，然后在洞子口上岸、储运、集散、装车，通过铁路、公路运往全国各地，四川木材一度成了"皇帝的女儿——不愁嫁"。而一年中的其他时候，贮木场的工人们则是忙着做准备工作，保障丰水期运输水道的畅通，比如木头把河堤打烂了，这个时候就要去修；还要修一些诱导工程，让木头能够听从指挥，乖乖地通过河道而不会撞到河堤。

提起当年贮木场的辉煌，不少当地人都记忆犹新。但随着国家对林业的保护，四川停止天然林采伐，轰轰烈烈的岷江木材水运也就此退出了历史舞台。1998年，在贮木场的原址上，一个占地三百四十余亩，年货物吞吐量为一百万吨的大西南建材城在这里落地生根。十多年后，大西南建材城整体搬迁到青白江，洞子口与木材的关联也渐渐被人们遗忘。

洞子口凉粉的前世今生

说起洞子口，除了漂木那一段波澜壮阔的历史，还有一个非常有名的小吃根植在老成都人的心中。它曾经在青羊宫花会上大放异彩，是很多好吃嘴心底无法拒绝的一道"白月光"，也是这里的人们劳累工作后的一抹生活亮色。

成都人给那些环境一般、价格亲民、铺面窄小但味道可口的小饭馆取了个通俗形象的名字——苍蝇馆子。在成都，苍蝇馆子是一个神奇的存在。它可能有着油腻的桌面，不怎么热情招呼的服务员，但是它的味道总会吸引着人们穿街走巷，排队等几个小时也心甘情愿、毫无怨言。在洞子口，也有一种能让不少人想想就馋的美食——洞子口凉粉。清末民初邢锦生的《锦城竹枝词》就这样写道：

> 豆花凉粉妙调和，日日担从市上过。
> 生小女儿偏嗜辣，红油满碗不嫌多。

洞子口凉粉有很多招牌，比如"洞子口张老二凉粉"，还有"洞子口张凉粉"和"洞子口张老五凉粉"，你要说哪家是正宗的，恐怕连老成都人自己都说不清。都说要吃正宗的东西，一定要去它的原产地。来到洞子口，在一条小河边上，有一家叫"洞子口陈氏凉粉"的，典型的苍蝇馆子，但是饭点时刻，食客盈门，座无虚席。和成都很多苍蝇馆子一样，这里打米饭甚至端菜都需要自己亲自动手。出版家吴鸿先生在《舌尖上的四川苍蝇馆子》这本书中是这样描述这家店的："一是没有菜谱。所有的菜都放在一张桌子的橱窗里，什么料都已配备完毕，按照这个点菜即可。二是这里的盘子大得惊人。三是菜品丰富，有几十个之多。"笔者在现场注意到，来这儿吃饭的大多是操着本地口音的食客，他们要么拖家带口，要么呼朋唤友，点什么菜了然于心，至于端菜、盛饭就更是轻车熟路。听客人们说，这里就是最正宗的洞子口凉粉。

在查阅洞子口凉粉资料时，《洞子口乡志》中如此介绍：洞子口的凉粉在20世纪二三十年代最出名的是赵凉粉，还不是这陈凉粉。最早是一名叫赵金山的农民，他经营凉粉很有特色，人称赵凉粉。他卖的是名副其实的"凉"粉，只有冷的，没有煮的。要说他的生意为什么这么好？全在一个"精"字上。我们都知道成都人嘴巴"刁"，品质怎么样，舌头就是最好的测试机。一道菜要好吃，不仅原料要好，"堆头"（菜品的陈列摆放）也要很足、很讲究。据说赵凉粉选佐料就很挑剔：辣椒要用东郊龙潭寺出产的二荆条辣椒，自晒自舂，使得红油又香又辣；花椒选的是香麻味重的汉源清溪椒子；豆豉酱则选用成都百年酱园"太和号"制作的豆豉；大蒜以温江、彭州所产为上。赵凉粉没有一个固定摊位，他一直走乡串户，挑着担子卖凉粉。担子两头，一头放着各种调味品，一头放着凉粉凉面，跟传统的担担面差不多。这凉粉的味道实在巴适，传来传去，也不知道是谁模仿了去，在后来的青羊宫花会上打起了洞子口凉粉的招牌，洞子口凉粉也因为回味留香一下子就出了名，成了成都的风味小吃之一。

20世纪50年代，成都市面上开始有了张凉粉，说是师承赵凉粉，现在你依然能见到这些老店的身影。至于上文提到的陈凉粉，有人说，这家才是资格的赵凉粉的继承者。到底事情的真相是什么，时隔多年，恐怕没有人能说得清。其实，是不是正宗不重要，毕竟味道巴不巴适，才是人们最关心的。

满足了口腹之欲后，当然还要有点美景入眼，才算人生的赏心乐事。就在离陈凉粉不远处，曾经贮木场的旧址上，一座以木材文化为主题的沙河源公园正敞开怀抱，迎接来此亲水散步的人们。公园里"水木华年""木排水忆"的景观和遗留的铁轨以及存储的木材保留着它的"前生"成都贮木场的痕迹，似乎当年岷江漂木原始而壮观的场景，就在眼前。从府河漂木到宜居水岸，饮水思源的情怀一直没有变。沙河这条慷慨的河流，也在斗转星移间悄然写下了一首岁月之歌。

洞子口凉粉店

北门大桥十八梯

　　成都和重庆作为西南两个重要的城市，常常被拿来作各种比较。这是两个气质完全不同的城市，一个温婉如水，一个豪爽耿直，各有其魅力。在重庆，有一条老街，将这个城市声色浮华的上半城和沉默古朴的下半城神奇地连接到一起，这条老街就是蜿蜒古老的十八梯。可是在成都，也有一个十八梯，只不过这个十八梯不是一条老街，而是用红砂石真真切切砌成的十八级台阶。人们曾经每日在这儿上上下下挑水过生活，而且在没有水文测量的时代，这个十八梯还被当作人们观察水位涨落的标志。每到夏天，雨水多的日子里，人们很担心涨洪水，见面时总会关切地问一句："十八梯的水涨到好多梯了呢？"这个曾经在人们生活中留下过深刻痕迹的十八梯，就在北门桥。

北门码头运柴米

　　从成都北大街向北，有一座横跨府河的桥——北门桥，人们习惯把它叫作北门大桥。这座桥是一座古桥，古时这里是成都北城门，清朝时它不大，是一座三洞石拱桥，20世纪50年代改为缓坡，60年代扩建为宽阔而平缓的五孔石墩桥，直到改革开放之后，这座桥才被改建为一座钢筋混凝土平桥。虽然多次重建，但是其位置基本上没变，重要地位也没变，一直是北门通向川陕公路的主要桥梁。

其实，北门大桥原有一个正式名字"大安桥"，还有一个官方名字叫"迎恩桥"。大安桥的得名是因为清代的成都北门名叫大安门，如今在桥下你都还能看到一条叫作"大安路"的街道。而另一个名字"迎恩桥"的来历，就要追溯到明末清初年间。在张献忠和清军厮杀后，成都坝子基本上成为一片废墟，四川省府不得不迁去阆中，成立临时政府。但这毕竟是权宜之计，后来皇帝派来一个叫冀应熊的新知府，到成都来搞"灾后重建"。因为这位封疆大吏的上任路线是由剑门关入川，经北大门进成都府，所以这迎接仪式也就理所当然地定在了北门大桥，北门大桥就叫"迎恩桥"。成都这座城市的生命力相当顽强，当时官民一起努力，很快开始了复苏的节奏，北门这条路的修建也首先被提上了日程。因为皇帝下派的官员、使节等重要人物，如果是从陕西方向进成都，北门是必经之路，因此打造一条关于城市形象的交通要道就迫在眉睫。在这种情况下，北门上的街道越修越多，人口也越来越集中。

说到桥，自然离不开码头。曾经的成都，也好似一幅江南水乡的景致，河边的乌篷船，桥下洗衣服的妇女，在河边玩耍的孩子，碧波荡漾间充满着诗情画意。曾经锦江上的船来船往，也记录了一段成都水运发达的历史。在很多老成都人的回忆中，锦江上曾经有各种各样的货运码头。这些码头因运输不同的货物而得了相应的名字，比如柴码头、盐码头、粪水码头、煤码头、米码头等。其中的米码头就是老成都码头里人气最为旺盛的码头之一了。米码头当时有两个，一个是老南门大桥（万里桥）码头，还有一个就是北门大桥码头。米码头的兴盛带动了米市经纪人和米行在这里繁衍兴起。随着交易的增多，问题也出现了。有时米生意成交之后，因为购货数量太大或者搬运人手一时不足，就会造成付款后不能马上运货的现象。遇上这种情况，米行老板聪明地想到一个办法，那时的成都都是瓦房，老板随手在街边捡起一块干净规整的瓦片，将瓦片磕成两片，然后在瓦片上写出米的斤数、品种、售米日期和店铺名称，一式两份。就这样，一块小小的瓦片便成了买米者的凭证，不得不说民间智慧真的很强大。

北门大桥除了有米码头，还有一个柴码头，每年7、8月，从岷山上砍伐下来的杂木顺水漂下，在北门的柴码头上，由码头工人一根根钩住捞上岸来，再搭上木板竹竿之类，几人架抬入库。在还没有蜂窝煤的年代，这些从北门柴码头上岸的木柴，曾经是这个城市成千上万户家庭赖以生存的物资用品。但后来随着更为快捷的汽车运输的出现，一度热闹的锦江码头最终褪去喧嚣，成为成都市民另外一个生活乐园。

三花茶，师友面，肠肠粉

成都是一座浸润在水中的城市，水和这个城市有着千丝万缕的联系。如果说水是这个城市的灵魂，茶则是这个城市的人们每日的"回魂汤"。在成都遍布街头巷尾的茶馆中，有一类茶馆可以说是最受人欢迎的。它无须多么华丽的装饰，也不讲究茶叶的品质如何，几张桌子往河边一放，开水瓶桌上一搁，一个"茶馆"就这样开张了。如果遇到冬日暖阳，这样的茶馆简直就是成都市民的宠儿，一座难求都是家常便饭。

过去在成都北门大桥边上，就有众多茶铺，那个时候还没有茶馆的说法，人们都把这种喝茶的地方叫茶铺。许多人都爱来这儿喝茶，摆龙门阵。这里能聚集众多的茶客，还得归功于北门大桥的这个十八梯。茶客们嘴里说的"河水香茶"的河水，便是从这十八梯的石阶上一桶一桶地挑回来的。这里还有一家成都茶厂开的茶叶门市，它的三级花茶最受成都人欢迎，简称"三花"，直到今天，成都人还喜欢说"走，喥三花"，据说这里的"三花"茶叶很资格，许多人还专门前来购买。

成都街头的面馆也比较多。20世纪80年代末，在北门大桥南桥头西面的府河边，有一家国营面馆，叫作"师友面"，曾是当年的"网红"店。因为是几个师兄和朋友合伙开办的，"师友面"由此得名。店名取得很有意思，师友，良师益友、亦师亦友，这种很微妙的关系，放到一家面馆，总有一种"大音希声"的感觉。这家店不仅名字取得很妙，装潢也很有特色。你可以想象一下，一座格调古朴典雅的吊脚楼矗立在北门大桥桥头，窗下就是一江碧水，那种感觉真是把"茶"临风，其喜洋洋。"师友面"与其他两家也是位于桥头的著名饮食店铺"枕江楼""陈记饭店"，在当年被

三花盖碗茶

饮食业同行并称为成都饮食业的"三大桥头堡"。师友面有三种主打产品："宋嫂面""牌坊面"和"海味煨面"。20世纪90年代成都人请客的时候，说话喜欢大喘气："走，我请你吃海鲜……面！"那时候物流没现在发达，内陆城市吃上海鲜是一件"很港"的事情，但海鲜和海鲜面完全是两码事。但你也别小看这面条，要更早一些时候，川菜馆是不多的，最多的还是这些小面馆。师友面在开业时，为了打出自己的品牌，主动引进"宋嫂面"作为当家招牌。这宋嫂面就是宋嫂鱼羹面，原是浙江名菜，这道菜传到四川后，却变成了面，那它的味道怎么样呢？原来师友面的厨师刘万发并未完全照搬这道名菜，而是采用川味的烹饪方法，为宋嫂面加入了四川特色。没想到改良版的宋嫂面很对成都人的胃口，最后还荣登北京国宴的舞台，特别有牌面，这也让不少人都误以为师友面是宋嫂面的创始地方。

除了师友面，北门大桥还有一大特色美食——肥肠粉。"天色微明炉火熊，桥头贾客路匆匆。肥耙汤滚加椒水，一碗银丝暖融融。"这首19世纪末的"成都竹枝词"，描述的就是在早期成都码头，来往商客吃肥肠粉的情景。20世纪40年代，成都最著名的肥肠粉小吃，就摆在北门大桥北边的曹家巷口，人称"肠肠粉"。

如今距离师友面的诞生已有七十多年了，当年恰同学少年，风华正茂，现已变成永恒的回忆。现在的北门大桥再也没有来来往往的繁忙船只，川流不息、百舸争流的锦江码头早已成了一幅历史的画卷。清新的茶香在封存这座城市记忆的同时，也将"啖三花"的仪式感烙印在了成都人的幸福日常之中。

魏葵画作

公馆，君之舍也。

走，城隍庙买碟子。

无爵自尊，不官亦贵；异书满室，其富莫惊。

平野尽桑田，出户看云，亲舍依稀犹在望；
小园新结构，既耕且读，嚣尘洗涤赋闲居。

街坊记忆里的金牛

寻常巷陌

西月城街：回望千年看古城

　　中国人对月亮倾注的情感，在全世界恐怕没有哪个民族可以比拟，单是和月亮有关的诗歌，成千上万，是中国人都能吟上几句，诗词歌赋就不用说了，就连城市的街道名称都透着骨子里的温婉。笔者粗略地估算，成都带有"月"字的街名将近二十条，比如柳月路、月华路、桂月路、踏月巷等，在金牛区还有星月街、长月路、明月桥巷等，听起来真的很美！月亮是回家的方向，是乡愁的所在，是悲欢离合的映照，自古以来就被人们赋予了各种美好的寓意。有一条叫西月城街的地方，它可能与月亮没有什么直接联系，但是街名很有故事。这里最早是月城所在地，西月城街的得名就是这个缘故。这个月城到底是个什么城，有什么作用？借追溯西月城街历史的这个机会，我们来了解一下成都城墙的变迁史，从中感受这个城市两千多年的沧桑变化。

城头变幻大王旗

中国历史悠久的城市几乎都有城墙，北京、南京、西安的城墙令人印象深刻，至今还有城墙遗址。成都的城墙虽然名气不如这几个城市那么大，但挺有自身特色。

首先是它成型早。要说成都的城墙历史，得从公元前316年讲起。秦国在这一年伐蜀成功，蜀国灭亡，蜀地纳入秦国版图。既然归属秦国，就要按照秦国的规矩行事管理，于是五年之后的公元前311年，秦惠文王令张仪和蜀守张若整顿城池、修筑城墙，要求就一个——"与咸阳同制"。不过筑城却不是一件简单的事。成都和咸阳在地形、土质、气候等方面差异很大：成都湿气较重，土质又松，所以城墙老是筑不好，前一天刚修好一段，过两天就垮掉，可以说是屡筑屡坏。唐朝文人李昊在《创筑羊马城记》中曾这样描述："张仪之经营版筑，役满九年。"可见当时修筑成都城池的艰辛。

成都城有很多别称，诸如"龟城""罗城""大小城"等，每一个别称都有它的故事。"龟城"就和张仪修筑成都城有关，这方面传说很多，一说张仪修的城墙不结实，又没有更好的办法，都快没信心了，后来就依照巫师占卜的意见，顺着乌龟爬行的路线修筑城墙，龟长寿，有长久不毁的寓意，而且龟知水性，知道哪里不会遭遇洪灾，顺着它的足迹修，保险系数高。张仪照此筑城，果然没有垮掉，而且修筑的城池形状很像一只龟，从明代成都府地图看，成都的城市轮廓还真有点像一只乌龟的形状，所以成都城叫"龟城"。这个花费相当长的时间修筑而成的"龟城"有多大呢？据《华阳国志》记载，成都城池"周回十二里，高七丈"，由大城和少城构成，其中大城是新城，少城则在蜀国故都基础上筑成，形成二城并立的格局，成都城的雏形也基本形成，至今未变。不过这个时期的成都城墙有两大明显的缺点：第一是规模小（才十二里）；第二是不坚固，都是用泥土夯筑而成，很容易被雨水冲毁。随后几千年来成都筑城有几次大的动作：公元581年，隋文帝之子杨秀在位于成都城中心，大城西侧靠近原少城的地方建起了"隋城"。隋城比龟城时代要好很多，但到唐末差不多三百多年，后来还是风化坍塌。到公元876年，终于有了它的升级版——罗城。那时的唐朝西川节度使高骈，在抵抗南诏的侵犯中，感受到城池太小，一打仗人们就拥入城内，拥挤不堪，形成很多隐患，于是就以大城为中心，向大城外扩出一圈建立新城，由于新城把以前的大城、少城、隋城等统统包罗进去，所以称为"罗城"。它的范围大概是北至府河、南至南河，东至东校场，西至中同仁路一线这一片，是原来城区面积的七倍，建成的城墙周长二十五里，算上附加的瓮城共三十三里。所谓瓮城就是月城，为什么叫作瓮城呢？因为当敌人攻入瓮城时，如果把主城门和瓮城门关闭，守军即可对敌形成"瓮中捉鳖"之势；又因为瓮城是一个半圆形，形似月牙，所以又多了一个诗意的名字，叫作"月城"。

高骈这次筑城使用了砖石材料，彻底克服了一千多年来其不停修葺的缺陷，也奠定了以后一千多年成都古城墙的最终格局。前蜀灭亡后，西川节度使孟知祥（孟昶的父亲）为了割据四川，在罗城外又加筑了一道土城，周长四十二里，高一丈七，称之为"羊马城"。1380年，明朝第一代蜀王朱椿将汉唐、前后蜀遗留下来的"子城"全部拆毁，在旧址上重新修建"蜀王府"，也就是老百姓说的"皇城"，然后周边开了五个城门，每个城门都有城楼一座，门外都筑有瓮城。当时成都城分为三部分：内城（蜀王府）、中城（萧墙内）、外城（大城）。至此，成都形成了一个单中心、三重城墙相套的独特格局。

无关明月的"月城"

说起西月城街，老成都人都比较熟悉，距离西大街不远，很多人从这里经过可能也不太在意，知道这个地名来历的人就更少了。其实，此处是原来老西门所在的城门洞。这个所谓的"月城"，也就是我们之前说的"瓮城"，是古代城墙体系的一部分。我国古代的城墙是一个城市最重要的防护性建筑，城门洞则是最容易被攻破的薄弱环节。为了加强城门的防御能力，古人就在城门之外，再修一个大约为半圆形的微型小城。一方面，敌人必须首先攻破小城，才能接近大城的城门；另一方面，守军从大城与小城的城墙上，向下射箭或者抛下滚木垒石，很容易消灭进入小城的敌人。而且，守军如果要出城，也是先出大城门之后，暂时停在小城之中，等大城门关闭了，再开小城门出城，这样，就可以防止守军出城时，被敌人突袭攻入大城门。由于这样的小城形状就像半月，因此被称为"月城"。古时，成都每个城门洞都有月城。据《成都城坊古迹考》记载："原来之东、南、西、北四门，皆有月城。"

因此，以前成都曾经出现过东、南、西、北四门的四条月城街，而西月城街就是其中的一条。明末张献忠一把火将成都烧成焦土，两千年古城毁于一旦。清康熙四年（1665），由四川巡抚在整个废墟上重新修建了新城。清初三藩之乱，成都也因此受到祸事影响。乾隆四十八年（1783），四川总督福康安向朝廷奏请重修成都城。这次大修，花了两年时间，而且是全川人民一起行动，共花费帑银六十余万两。费了这么大功夫修筑的成都城，"屹然金固""冠于西南"，周长超过了二十二里，跟高骈建的罗城面积差不多，城墙高五丈，上有很多垛口及箭孔，四个八角楼，四个炮楼。城墙四周分别建有东南西北四个门，门外皆有瓮城。东门称"迎辉"，南门称"江桥"，西门称"清远"，北门称"大安"，西月城也由此诞生。同治元年（1862），成都城墙四角又添筑24处小炮台，清代的成都城城墙十分雄伟，远望城墙垛口，犹如锯齿一般。在整个清代，四个城门都是成都与外界联系的唯一通道。

借着金牛区这条古老的街道，回顾成都两千多年的城墙变化，让人感慨良多。2019年5月20日，在成都金牛区的通锦桥附近，还发现了唐、五代以及清时期的城墙遗址。

成都城墙的几经变化，折射出这座城市所经历的政治、经济和社会的变迁，也展示了这座城市深厚的历史底蕴。这座两千多年来未改过名字、也未变过城址的城市，还有更多的故事值得人们去好好发现。

王家桅杆大院：寿寓淳风传百年

成都本来公园就多，大大小小、古老年轻的公园可以说是不胜枚举，这几年又铆足劲儿打造公园城市，公园的品质也越来越高，美景如画，每个公园都有自己的亮点。在成都西郊金牛区两河森林公园里（清水河与摸底河之间），曾经有一座赫赫有名的王家桅杆大院。这个桅杆大院由三进院落构成，有二十四个天井。如果说一个天井就是一个小院，一个小院至少四个房间来算，王家桅杆大院的房屋就有上百间，规模相当庞大。可这么大一个院落，成都居民都不甚了解，只知道温江有个陈家桅杆大院，金牛也有桅杆大院吗？相比之下，金牛的王家桅杆大院有什么特别之处吗？这里的桅杆又代表何种意义？让我们翻开尘封的历史，揭开这座大院的神秘面纱。

湖广填川有王家

我们的故事要从"湖广填四川"说起。很多人以为"湖广填四川"开始于明末清初，其实，这股移民浪潮在元末明初的时候就已出现，只是到了清代前期，才达到高潮。之所以会出现大量移民，主要是因为四川地区连年战乱，人口锐减，造成田园荒芜，甚至还出现了白天成中虎狼出没的恐怖场景。康熙皇帝见"四川有可耕之田，而无耕田之民"，于是几次颁布诏书，"定各省贫民携带妻子入蜀开垦者，准其入籍"，并允许插占土地，"准令五年起科"。起科，就是对农田计亩征收钱粮，意思就是五年免征赋税。这样的优惠政策后来更是扩大到"十年起科"，这也进一步掀起了移民热潮。王家桅杆大院的主人就是"湖广填四川"大军中的一员。客家人王家两兄弟，哥哥十八岁、弟弟十三岁，挑着三岁的妹妹，在雍正六年（1728）由广东惠州迁来四川。辗转眉山、新都，一晃就是二十多年，最后其落户于成都西门外清水河和摸底河两之间的马家场一带，也就是现在两河森林公园所在地。之所以最后定居于此，是因为这里上风上水、环境极好，不仅一年四季水源充足，而且土地肥沃，占尽"金温江、银郫县"的风头，是一块适合安居乐业的宝地。凭借天赐的风水宝地，再加上自己的勤劳智慧，王家兄弟很快便在这里站住了脚跟，并且富甲一方。特别是弟弟王子善，人如其名，不仅田产经营有方，而且还诗书礼仪传家有道。也正因为如此，家业自然也就越做越大。但王子善富起来之后并没有"为富不仁"，而是念及手足之情，三番五次接济哥哥王子义一家，还对家里有困难的佃户伸出援手，据《成都县志》所载，"王家佃户皆小康"。

王子善一生乐善好施，在七十八岁高龄时，成都遭遇了百年不遇的水灾，他义无反顾地做出了一件誉满成都的善举——开仓赈灾。这样的爱心之举，使得王子善成了老百姓心中的"大英雄"，也引起朝廷的关注。朝廷为表彰王子善的善举，赐了一块金匾，上书"寿寓淳风"四个大字，这也就是金牛区两河森林公园旁淳风社区的来历。这位勤劳善良的老者，在无形中也为后世子孙树立了榜样，使这样行善积德的家风得以代代相传，而"王家桅杆"便是这一良好家风的最好佐证。

王家桅杆立两河

俗话说："积善之家，必有余庆。"王子善这个家庭不简单，不仅生意做得大，做得好，人品家风也是顶呱呱，说起他们家族的故事，可以说是人人称道。在王子善获得朝廷的"寿寓淳风"金匾后，他的孙子王濂也为家族赢得"文魁"金匾一块。王濂到底有什么本事，可以为王氏家族再添荣誉呢？我们常常强调家庭教育的重要性，"家之兴替，在于礼义，不在于富贵贫贱"。中国向来是讲究治家传统的，比如诸葛亮教诲儿子修身养德，"非淡泊无以明志，非宁静无以致远"，祖孙三代被后人誉为"三世忠贞"。包拯严厉要求后代不犯脏滥，不违其志。王澍自小耳濡目染爷爷的为人处世，自然也秉承王家的家风，勤劳朴实、苦读诗书，最终高中进士。"王家桅杆"便是在他考中进士之后，朝廷对他们家族的恩待，准许在王家大院门前树立桅杆，以向世人昭示这家人出了个令人羡慕的读书人。说起桅杆，人们往往想到的是船上那挂帆或挂信号灯的杆子，而这种立在院门口的石桅杆，现在倒是鲜有人知。从形态上看，这种桅杆很像一支大笔立在那里，所以也叫作"石笔"，在那"万般皆下品，唯有读书高"的年代，这是对读书人的一种褒奖与肯定。

从明代开始，凡是高中进士的人家，就可以大大方方地在门口立桅杆，但可不能随随便便立，在等级制度严明的古代，越矩可是非常严重的事情，谁要在家门口私自立一根桅杆，一定要惹来大祸。而王家不仅有资格享受这个待遇，而且还可以发扬光大。不过，就在全家人都在为之感到骄傲之时，王澍却做了一个匪夷所思的决定：辞诏不就，放弃功名，返乡办学。要知道，在那个"学成文武艺，货与帝王家"的年代，多少莘莘学子十年寒窗，为的就是能一朝金榜题名。眼看未来前程似锦，谁又能轻易割舍这得来不易的功与名呢？然而，王澍却做到了，他回乡在王

▲
传统的桅杆大院

家大院办起了"凡江书院"，历时三十八年，培养出秀才、举人、拨贡共六七十人。凡江书院虽然比不上同时期的几大著名的书院，但是升学率确实非常高。其中考中进士，后获取功名的就有上海府尹刘俊山、广元府尹张仁里、犍为知县王汝全等数十人。广元知府张仁里在功成名就后，还曾在老师的故里摸底河边、通往王家大院的路上修了一座高大的牌坊，上书"仁里淳风"几个大字，以报答老师的培育之恩。鉴于王澽的人格魅力和晴耕雨读、诗书传家的家风，以及他教化乡里、育人有方的功绩，时任四川乡试的主考官会同成都府制台，将其事迹上奏朝廷。乾隆五十八年（1793），朝廷下旨，赐"凡江书院""文魁"金匾各一块，并赐王澽三品顶戴双眼花翎，授予太子太保、文渊阁大学士、翰林院编修等荣誉头衔。

而此时的王家大院也发展成为一座极具规模和人文气质的大宅院。大院主轴由三进院落构成，内外有两道围墙，围墙外有水沟环绕。整个大院内，大院套小院，院院相通；大天井套小天井，环环相扣，是一处典型的川西林盘建筑，当然，细节处又融合了岭南元素，算是王家人对乡愁的一种寄托。后经繁衍生息，在王家桅杆大院周围又派生出另外五个大院，各房子孙还先后在成都市区内许多地方购置房产宅第。

纵观王家桅杆大院兴旺发达的历程，可以说是一部可歌可泣的移民创业史。如果不是王家兄弟敢为人先，敢于远离故土来这儿闯一闯、拼一拼，又哪有后来的王家桅杆大院呢？王家桅杆大院以及两块金匾，不过是他们吃苦耐劳、乐善好施的外化表现而已，究其内核，就是一个"德"字。也正因为有着如此良好的家风传承，两河森林公园才多了这样一份浓厚的文化底蕴。

花牌坊：老龙门阵和新故事

说起牌坊，这大概是只有中国才有的一种非常特别的建筑，或者说它就是东方文化的一个特别符号。类似的建筑在北方叫"牌楼"，在四川则叫"牌坊"，成都唯一个叫牌楼的地方是"红牌楼"，但叫法和北方还是不一样。牌坊这种建筑，在古代有特别的讲究，不是随便哪里都可以立牌坊的，古人用它既有礼仪、纪念的意思，也用于庙宇、桥梁等建筑物的前面，最重要的是用来表彰忠义节孝、立功立德的人物，规格相当高。以前很多城市、乡村都有，但有一阵子其被错以为是属于"四旧"、封建余孽，成都的牌坊全部遭到拆毁。

不过，成都有一条街——花牌坊街，还保留下和牌坊有关系的名字。这里不仅有着接地气的人间风味，有好多美食聚集，还有许多别具传奇色彩的老龙门阵和新故事。

花牌坊旧闻

花牌坊街的牌坊是怎么来的，它是个什么性质的牌坊，在成都有很多传说，最常见的说法是这是一座"贞节牌坊"，有一个凄美的爱情故事。说清朝道光年间，有一刘姓姑娘出嫁之前，已经与她订了婚的丈夫得病身亡，这姑娘按礼教终身不嫁，在家守节。这个过程当中，刘姑娘伤心过度，得一怪病，肚子竟然大了起来，找不少医生都治不好。外面流言四起，说一个大姑娘在未婚夫死了那么久后还身怀六甲，定有苟且之事。刘姑娘受辱蒙羞，跑到总督衙门击鼓申冤，声泪俱下，将事情一一道来，但是没人信，最后她抽出短刀，自尽而亡。后来经查验，肚子里面哪有什么婴儿？这事很快在全城传开来，当地官员觉得刘姑娘贞节刚烈，值得赞赏，上奏朝廷请求修建一座牌坊，表彰这种气节。这个牌坊上面的许多石雕花卉相当精美，老百姓觉得好看，就叫它"花牌坊"。

还有一种说法是说这个牌坊出现得更早，明朝就有了，是关于一个书生寒窗苦读，终于金榜题名的励志故事。这书生姓花，叫花如春，当了官之后，体恤百姓疾苦，减轻赋税徭役，百姓感恩戴德，后来朝廷就修建一座牌坊来表彰花如春的德政，这就是"花牌坊"。

遗憾的是，今天我们没人见过花牌坊长什么样，只能在一些老照片上看到成都当年的其他一些牌坊，而现在，不仅牌坊，连很多老房屋基本上都消失了。在花牌坊这条街上唯一能看见一点历史痕迹的可能就是"西社"了，这个"西社"是20世纪30年代的徐子昌的宅院，当年算得上是豪华公馆。这个徐子昌的社会评价不高，是一个袍哥人家，曾是成都警务司令部督查主任，被称为"西霸天"。中华人民共和国成立后，西社被人民政府没收，交给一家学校做办公室。现在这座宅子已被正式纳入保护名录，是成都市内现存的保存较好的近现代宅邸建筑的典型代表。"西社"是典型的中西合璧风格，你既可以看到川西特产的红砂石、中国传统建筑用的青砖，也会看到希腊柱式的梁柱，这里是将西方和成都地方建筑风格融合得非常自然，具有民国建筑中西合璧的浓厚味道。

"三江布鞋"与群生川剧团

"西社"这个宅院现在坐落在成都工业学院里面。这个学校或许名气不大，但出了一位名气很大的校友——开国元勋陈毅就是这个学校的学生，这里当年叫"四川第一甲种工业学校"。1916年，陈毅从乐至老家考进了这所学校，直到1919年赴法留学前，陈毅都在这里学习。这所辛亥革命后四川省创办的第一所实业学校，一路走来，名字居然改了十二个，包括四川省立第一甲种工业学校、四川省立成都高级工业职业学校、成都无线电机械学校、成都电子机械高等专科学校等，现在叫成都工业学院。

除了成都工业学院，花牌坊这里还有很多有趣的龙门阵可以说。你比如成都很多街巷都有不少茶铺茶馆，花牌坊这家茶馆很有名气，叫"各说阁"。

这名字起得好，相当于"各说各话的茶馆"，和成都人喝茶的状态很贴切，很有特色和意味。各说阁在当年的成都是比较大的一家茶馆，自然也是成都人的社交场所、新闻中心，三教九流的人都汇聚在这里，各说各的，很热闹。因为它处在花牌坊西门外的城墙边上，当年属于城郊，有点偏僻，不过抗战时期为了跑警报把城门给拆了，这一带就成了居民的疏散地，所以往来茶客不少，"各说阁"也成为成都名噪一时的茶馆。再加上附近花农特别多，每逢赶场天，花农们要到茶店子一带购买种花用的原料，累了就在各说阁里歇歇脚，喝茶聊天。当然，少不了袍哥，他们最爱在这儿喝茶理事断公道，吃讲茶。后来，吃讲茶没有市场了，袍哥基本上也销声匿迹了。

曾经，在花牌坊附近人们印象最深刻的是布鞋，以前花牌坊街40号就是一家鞋厂，生产的布鞋在成都很有名。到了20世纪80

国营成都三江鞋厂

年代初的时候，这里有三百多名工人，每个月产近万双布鞋，它有一个品牌叫"三江布鞋"，许多老成都人可能都曾经是它的粉丝，当年简直是供不应求。爱穿三江布鞋的人都知道，这布鞋用传统工艺精工细作，有三十多道工序，男鞋鞋底的布料厚达二十八层，纳好的鞋底要放入热水浸泡，用棉被包严热闷后，再用锤子锤平整，晒干。穿几年鞋底都不变形，而且吸汗、柔软、舒服，连邓小平同志都非常喜欢穿这三江布鞋。小平同志无论是在战争年代还是和平时期，一辈子生活朴素，对家乡四川的圆口布鞋情有独钟。为这事，成都市曲艺团还专门写了一出独幕话剧《布鞋情》，以小平同志喜欢穿成都三江布鞋为线索，描写他穿着三江布鞋行走在祖国大地上，为中国革命和建设事业操劳的动人事迹。现在三江布鞋厂已经转型为一家创意工厂，有数百家特色小店，吃的、玩的，咖啡、酒吧、创意手工店、日料店，无数的新元素涌进曾经喧闹的厂房，又让它充满了勃勃生机。

说到小平同志，花牌坊街上不仅有他爱穿的布鞋，还有他喜爱的川剧。20世纪50年代，十二名川剧艺人自发组成了群生川剧社，后逐渐发展成为群生川剧团，他们演出的场地叫草堂剧场。

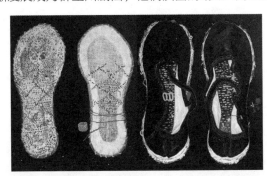

《母亲的礼物》局部　刘伟作品

剧团整理、改编、移植大小剧目三百八十多个，每年坚持、下乡下厂为基层群众演出。1983年剧团曾在金牛坝省委招待所，也就是现在的金牛宾馆做了一次汇报演出，时任国防部长的张爱萍还为剧团题赠"川剧为人民，推陈更出新"的条幅。尽管群生川剧团后来撤销了，但四川省川剧院依然还在花牌坊坚守阵地，保留着传统文化的一点星火。

如今的花牌坊，依然熙熙攘攘，你可能看不到一个爱惜名节、倔强坚贞的刘姑娘，遇不到爱民如子、心地善良的花如春，但你会与那些忙着在这儿创业的年轻人擦肩而过。走在花牌坊这条车水马龙的城市街道上，你会发现，有些故事已经落下帷幕，但有些故事才刚刚开始。

薛公馆：百年老宅民国风

我们都说城市建筑物是这个城市的一面镜子，能映照出这个城市的过去和将来。老建筑上烙印着时光走过的痕迹，但因为各种战乱甚或是建设需要，许多老建筑消失殆尽，所以硕果仅存的它才显得异常珍贵。在成都城区，清朝以前的老建筑没有一座存世，明末清初全部毁于战火，我们现在还能看到的稍微多点的应该算是20世纪20年代的公馆了。

说起民国公馆，在成都最有名的应该是大邑安仁镇的公馆，尤其是刘氏庄园。其实在成都市区也有不少公馆，不过大部分都被后来的建筑给淹没了，比如城东沙河畔的康季鸿公馆、金牛宾馆里的张大千故居，位于西珠市街的刘存厚公馆。这里我们要说的这个公馆，也隐藏在闹市之中，不为外人所知，它的名字叫作"薛公馆"。

公馆易名的背后

关于城市建筑的特点，有这么一句话：北京四合院，上海有
弄堂，成都有公馆。以前成都最精妙的建筑除了皇城就是公馆。
"公馆"一词最早出自《礼记》："公馆，君之舍也。"达官显
贵们拥有的住宅，也就是说，要达到一定规模的宅子才能被称作
"公馆"。公馆作为社会上层群体财富与地位的标签，代表了当
时建筑技术与装饰艺术的较高水准。

很多成都人可能都没去过位于成都北门解放路北一段的薛
公馆。

虽然叫它"薛公馆"，但它不是姓薛的人修建的，它的修建
者是四川军阀、民国陆军上将刘存厚身边的一位姓江的少将副官，
叫江冀州。这位江副官祖籍福建，从小在成都长大，读过军校，后
来一直跟着刘存厚当副官。刘存厚占领成都后的1929年，江冀州
拿出四千大洋修建了这座公馆。四千大洋在当时不是个小数，民国
初年鲁迅在北京买了一套超级三进四合院，有二十八间房，近三千
平米，整个一大家子人都住在里面，花了三千五百大洋。这还是北
京的房价，不是成都，对比一下就知道这四千大洋有多么惊人！这
个宅子当年可是相当气派，四周还有警卫把守。据这附近的老人

薛公馆 冷冰摄

说，以前的薛公馆非常大，有几十间平房，它不像鲁迅的宅子还留着（除了鲁迅纪念馆）。薛公馆现在保留下来的面积差不多三百平方米，只有东、西两个院落还在，宅子外墙壁上还能看到几个被砸坏的马拴、要知道，在那个时候骑得起马的可都是大户人家。

按规矩，公馆的名字都是和主人家一个姓，这座公馆应该叫"江公馆"，但成都人为什么都叫它薛公馆呢？话说江冀州去世之后，他的儿子们把这公馆给卖了。买这家公馆的人姓薛，达成交易后公馆就成了"薛公馆"。说起来这薛家的背景还有点"重口味"，因为这个薛家被称为北门"粪霸"，是专门做粪便买卖的。20世纪中叶之前，成都尚未建立起城市排污系统，即使有公共厕所，也都是旱厕，城市居民的排池物只能靠人工挑出城统一处理。同时，在没有化肥的时代，粪便就是最主要的肥料，所以粪便自然也成了当时的"抢手货"。可别小看了这个生意，薛家就是在这样的生意中发家致富的。最后薛家花了四十担菜籽油买下这个公馆，从此这座老宅有了新名字，而且"薛公馆"的名称一直延续到现在。

一个新派公馆的诞生

20世纪20年代的成都公馆，有一个共同的特点，就是中西合璧，只是程度不同。第一类是传统四合院，细部有西洋风格装饰，比如大邑安仁的刘氏庄园；第二类是园林式公馆，比如刘存厚公馆；第三类则是花园洋房式公馆，是西化程度最高的公馆，比如金河路上的王泽浚公馆、李家钰公馆等。薛公馆则是第一种类型。

从薛公馆的大门来看，顶部是清朝民居院落的垂花门，中间雕有中国传统牡丹花式，以此寓意主人富贵安康；青砖砌出讲究的西式门脸，两侧各立两柱，柱头雕以卷涡花式，内侧两柱紧挨垂花门；四柱分布呈哥特式教堂似的众多小塔围绕主塔样式；大门顶部白色石岩勾出月牙形弧度门楼，增加门楼和木门的协调性和美观度；两侧均以成对角线方向错开的青砖勾出白线柱墙框架。

为什么成都的民国公馆都有着西方文化的影子？这就得说到这些公馆修建的时代背景和它们的主人。随着西方的坚船利炮打开中国的大门，西方的社会意识、思想文化、教育科技等也随之进入中国。特别是自从华西坝来了外国人后，西方的文明之风就开始在成都登陆。当西方文明之风拂过这片具有悠久历史的大地时，这些军阀出身或者有军阀背景的领导者率先欣然接受了这样的风气改变。民国文人薛绍铭在《成都的印象》里写道："成都的地皮及房屋，半数以上是被有钱而又有枪阶级人所垄断。这些地皮房屋的收买和出租，是用各种堂号名义，但他的总老板谁都知道不外几个军政要人。"所以，这些公馆的主人们都有着军阀属性的一致性。自辛亥革命后，中国相继出现很多军阀。这些军人走南闯北，见过世面，甚至有些人还有着出国留学的经历。这就使得他们的思想和眼光更加开阔，能快速吸收西方崭新的事物，使得中国的传统建筑体系在经历对西方建筑体系的排斥、接触、融合、模仿、创新等过程后，建筑风格开始逐渐多元化。在修建自家住宅时，西方元素大量使用，可以说是"西风东渐"在建筑上的体现。由于成都偏安一隅，相对远离战火，东部以及沿海地区的人们纷纷拥入成都，修建大量新派公馆，薛公馆就是在这种背景之下诞生的。

我们现在看到的薛公馆只是这个院子的一部分，另外很大一部分已经被破败或毁坏了。以前，房屋背后还有一个花园，里面种了十多棵高大的楠木。院落的数十间平层房屋全为砖木结构，院内朱红色的柱子两端雕有细致的花纹，格子门窗做工精细。整个院子的点睛之笔，是院落中央的一株枝繁叶茂的黄桷树，树荫几乎覆盖了整个院落，现在依然顽强地守护着这个小小的院落。中华人民共和国成立后，薛公馆被收归国有，先后用作幼儿园、民办小学和皮鞋厂。20世纪80年代末90年代初，沉寂多年的薛公馆突然热闹起来，火锅店与茶馆陆续进驻，薛公馆摇身一变成了普通市民的休闲乐园，附近的居民好多直到现在还记得曾经在这家茶馆喝茶打麻将的安逸生活。

俄国著名剧作家果戈理说："当诗歌和传说都缄默的时候，只有建筑在说话。"建筑是凝固的历史、时代的缩影。一座城市如果没有老建筑，将会彻底失去灵魂。成都近代公馆是中西建筑文化交流的背景下，城市住宅发展的历史见证，反映了传统民居向现代住宅过渡的演变历程。世事变迁，光阴易过，薛家老宅子已在成都存在了整整九十年。在这近百年老宅里，不知上演过多少悲欢离合，它蹚过时间的长河，在每一次的日出日落中，目睹了这个城市的历史变迁。如今的薛公馆已经修缮完毕，这洗尽铅华的座老宅又将焕发出怎样的光彩？让我们一起期待。

城隍庙：钟鼓府庙客喧哗

在过去的中国城市，几乎每个地方都有一个城隍庙，在农村则有与之类似的土地庙。这种朴素的民间信仰，经过千年的发展，已经扎根于中国大地，并衍生出许多传说故事，成为中国传统文化不可分割的一部分。说起成都的城隍庙，很多人都知道北门金牛区有个城隍庙电子市场，很长一段时间，这个市场每天都是车水马龙，路边总是堆满各种各样的电子产品和家用电器，城隍庙和完全不搭界的电子商品混在一起，真有点匪夷所思。但在这之，前那个地方是否有城隍庙，城隍庙又是什么模样？却没几个人能说得上来。

　　其实，成都曾经不止有一座城隍庙，起码有五座，而且每座都有自己的故事。那"城隍"是什么意思，北门这个城隍庙当年又是什么模样？这里怎么会变成一个久负盛名的电子市场呢？

"城隍"拜神与集市

　　说起庙宇，一般都与宗教信仰有关，城隍庙也不例外，城隍庙就是供奉"城隍"的地方。城隍的本意，是指古代的城墙与城壕。古代社会人们对自然的认知有限，在改造自然环境或者生产过程当中，如果遇到困难，就会把希望寄托给上天和某些守护神，祈求神秘力量能够给予守护和保佑。住在城里的人就相信城池有一个守护神，能守护城市居民人身与财产安全。中国古代的城池一般都建有城隍庙。清代史学家赵翼考证说，城隍庙"盖始于六朝也，至唐则渐遍"，也就是说从六朝开始，城隍庙就开始在中国城市当中出现。到了明代，一般来说一座城市只有一个城隍庙，但成都的城隍庙不止一座，这是因为成都从唐代以来就是府县同城，而且在一城之中又有成都县和华阳县两个县，也就是说在成都城内有成都府、成都县和华阳县三个衙门，于是明清时期的成都城内就拥有三座城隍庙，分别是上东大街的府城城隍庙、北门金华街北的成都县城隍庙、东校场玉皇观东头的华阳县城隍庙。不仅如此，按照古代的规矩，如果在一个城市中有府、

薛公馆组图

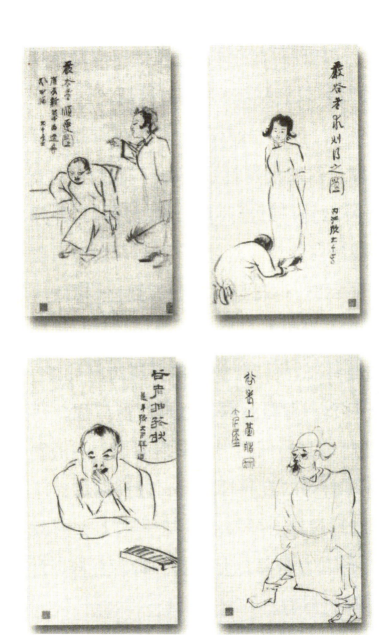

张大千为老友严谷声所作《谷老谐趣图》四屏风

《严雁峰像》张大千 1944 年作

贲园组图

左起：顾颉刚、蒙文通、谢无量、于右任、张大千曾在贲园题字作画

贲园部分藏书

▲ 清末时期成都城隍庙

州、县等几座城隍庙的话，就还要在城内再建一座都城隍庙作为几座城隍庙的统领。成都在清代是总督衙门所在地，所以也建过一座都城隍庙。而且还有人考证说，在老成都西门，花牌坊附近，曾经也还有一座都城隍庙。这样算来，成都历史上曾经有五座城隍庙，这在中国其他城市历史上不多见。

在城隍庙除了拜神，最让人期待的就是热闹的集市活动。那时候，每逢庙会，男女老少全家出动。集市上有售卖农器、花草和狗皮膏药的，还有提供各种美食的小吃摊子，什么白麻糖、甜水面、肺片、油酥、转糖饼等，其中还有一个特色美味，至今在成都街头依然能看到它的身影，就是"府庙豆汤"（豆汤饭）。《锦城旧事竹枝词》对"豆汤饭"有过很高的赞美："豌豆如泥肥肠炝，钟敲府庙客喧哗。烧香出殿门前坐，汤鲜饭饱味到家。"当然庙会上除了吃的，还有各种稀奇可看，有摆"西洋镜"的，有表演空中飞人的，还有精彩的比武竞赛。在成都这五座城隍庙中，要说最热闹和名气最大的，那就是北门城隍庙。当年的城隍庙规模很大，占地有六十多亩，庙宇建筑非常漂亮，各种雕塑也很精美，抗战时期美军"飞虎将军"陈纳德还来看过，非常喜欢庙里的塑像，他当时就提出想用重金买下这些塑像空运回美国的博物馆，从这件事也可以想象当时北门城隍庙的雕塑艺术之精美。这里的庙会最为热闹，享誉川内外，成都很多著名老艺人和民间高手都在这里练过场子、扯过嗓子、亮过膀子。可能正是由于这样的商业基因和历史基础，北门城隍庙渐渐发展成了一个全国知名的电子市场。

电子市场的火爆记忆

　　翻开20世纪90年代的成都购物地图，曾经有几个时尚地标在老成都人的心目之中相当抢眼：买衣服去青年路，搞批发去荷花池，配电脑去磨子桥……最关键的一句是"买碟子到城隍庙"，这是当时成都市民耳熟能详的一句话。

　　当时城隍庙市场最畅销的商品就是音像制品，最前沿的流行歌曲总会第一时间在这儿响起。音像制品的热卖带动了整个电器市场，VCD、DVD、家庭影院等家用音像设备成为当时的主打商品，对音乐有着巨大热情的成都人蜂拥而至，在这儿追寻自己偶像的身影。这里每天都是人山人海，连出租车司机都不想接活儿，一听说要去城隍庙就拒载，究其原因，却是车开进来太难，要想开出去更难！

　　其实，城隍庙电子市场的火爆从20世纪80年代开始就有了星火之势，最开始是沿河边摆着钢丝床叫卖无线电产品，大多是些旧货；后来出现了音像制品和家用音响；慢慢地，各种电器和电子原器件渐成主角，再到后来形成一定规模的地摊生意，逐渐成为成都乃至整个西部的领头羊，在全国的名气都非常大。电子市场发展速度最快的时间是1988年到1992年，生意好，地方小，要满足正常的交易活动已经显得有点捉襟见肘。此时，正巧成都市治理府南河，城隍庙电子市场就趁此机会重新进行规划，将原来的旧建筑拆除，修建、扩建新市场，连城隍庙周边的星辉西路、成华街、花圃路、花圃北路都是市场门面，营业面积也从原来的六十多亩扩大到二百多亩，而且市场经营走上正轨，久违的庙会活动又重回人们的生活之中。那个时候，每个星期六、星期天就是庙会日，市民拿着自己的电子产品到市场来交易，场面相当壮

观。进入新世纪，城隍庙电子市场迎来新的挑战和历史性转型。俗话说，"穷则变，变则通"，在日益激烈的市场竞争中，机会总是把握在那些勇于变、敢于变的人和企业手中。不少商家在这次改革浪潮中，通过转向其他商品的销售而渡过难关，获得新生。

其实城隍庙还有不为人所熟知的另一面。这里有一所人民北路小学，在整个北门金牛区范围内是一所很不错的学校，人文气息相当浓厚，"东周社"在金牛区的第一场校园读书会，进的就是人北小学。学校附近还有一个成都人都熟悉的地方——城北体育馆。这是20世纪七八十年代北门片区最大的群众性体育场馆，其中的比赛场馆建成于20世纪80年代初。当时不仅有全国、省市的排球、乒乓球、篮球等大小赛事落户于此，而且还承接了各种文艺演出、集会等。当时的城北体育馆算是综合性场馆，既可以演出游乐、健身锻炼，还可以喝茶休闲，大家都习惯称之为"城北花圃"。在20世纪90年代，这里还是著名的"北庙子"股票交易市场。现在，城北体育馆正在提档升级，一座全新的现代化体育馆将在不久的将来与成都市民见面。

回想城隍庙电子市场那个闪光的年代，好像就在昨天，它是一个时代的记忆。虽然如今的成都再也找不到一座真正的城隍庙了，但这个电子市场依然坚挺，让我们得以回望成都改革开放初期商业发展的一个侧影，也让我们领略到成都人勇于迈进、敢想敢做的创造精神。

簸箕街：无处寄托的乡愁

说到乡愁，我们不能只晓得余光中先生那首诗，其实乡愁也是你寻找不到的小时候的校园，是你记忆中与青梅竹马羞涩走过的那条如今已经不复存在的小街。那些曾经寄托着我们故土之情的街巷不知不觉中变了模样，有些甚至已经从地图上消失了，我们无处安放的乡愁好像一下子变得很具体。

在成都北门金牛区的城隍庙旁，有一个叫作"簸箕街"的公交站台，但你却找不到一条叫作"簸箕街"的街道。如果你不死心，向周围居民打听，或许会有人告诉你，这里只有一个"簸箕巷"，但簸箕街究竟在哪儿已经没人知道，真正是只闻其名而不见其影。

◀ 簸箕街公交站牌

簸箕街迷踪

成都以前真的是有簸箕街，袁庭栋先生在《成都街巷志》中有这样的描述："过去的簸箕街比较长，从北门大桥出城一直到马鞍山路都叫簸箕街，所以还分为簸箕上街、簸箕中街、簸箕下街。"1968年，为了纪念成都解放二十周年，市政府就将从驷马桥到武侯祠的南北主干道统一改名为解放路，原来的簸箕下街就属于解放路一段，而中街和上街则改为解放路二段。

说起簸箕街名字的由来，很多人都以为它像打金街、纱帽街、肥猪市街这种以某行业命名的街道，毕竟这样的街道在成都有很多。因为从汉代以来，成都的手工业就比较发达，集市贸易也相当活跃，手工业者为了便于交易或者是同官府交涉办事，逐渐集中到某一条街道上并成立行会，哪种行业居多，就以这行业作为街名，骡马市、盐市口等街名就属于此类。但是这个簸箕街，还真没卖过簸箕，它和四川人编制的筲箕、撮箕等一点关系都没有。据说这里的得名还真有点滑稽，是因为过去这里有一个坡坎，也就是现在的华西集团大楼前，坡坎交界的地方有几块石头，堆出来的形状像簸箕，所以就得了这么一个名字，这是其中的一种说法；还有一种解释，蜀地向来有大石崇拜的传统，大石遗迹是大石崇拜最切实可感的证物，曾经是成都的一种特殊城市景观，所以就有专家学者说，原来这里也有一块大石，形状就跟簸箕一样，簸箕街的街名便由此得来。

虽然传说中的石头早已经没了踪影，但簸箕街却承载了许多老成都人的美好回忆。这里曾经是一个干杂与海产品的集散市场，那阵子的商人都把簸箕街叫作货站。临街有很多小仓库，仓库里放的都是红糖、黑木耳、干菌这些干货，街面上显得很繁荣，市井气息扑面而来。《锦城旧事竹枝词》有一段如此说来："黑是木耳黄是花，口蘑卦笋并芝麻。地当北户临官道，零售批发两不差。"这首诗不仅交代了这个市场的业务类型，还点出了这个市场的位置——处在官道之上。自古以来，簸箕街所处位置就在成都南北通道上，有些书上还记载簸箕中街曾建有迎恩楼，迎恩楼是清代地方官跪迎皇帝诏书的地方。流沙河先生在《芙蓉秋梦》中也曾提到过这条古街。1935年为了躲避战火，他们曾举家从成都搬回金堂老家。多年后，他的母亲曾回忆那时成都川西坝子的景象，说得特别生动："出北门，上大桥。簸箕街走完，过了迎恩楼，眼睛忽然一亮，满坝金黄菜花。"一段回家之旅，竟然把眼睛都晃晕了。

那时候，每天早晨从天回镇、新繁方向进城的农民就推起鸡公车，拉起架架车，赶起牛车马车，驮着蔬菜、粮食、猪肉，经过簸箕街源源不断地将这些货物送到城里。久而久之，这里就因为便利的交通和密集的人群，渐渐形成了集市。1911年，成都历史上第一家使用机器磨制面粉与制作挂面的麦利公司就设在簸箕街。抗战时期成都开始有了成都向北外去的汽车，当时的北门汽车站就设在簸箕街。那时候的路都是土路，坑坑洼洼，"天晴一把刀，下雨一包糟"，怪不得有人调侃说，这个簸箕街的得名肯定是路太烂了，是颠簸的"簸"。后来，簸箕街铺起柏油路，再加上相关部门不断对路面进行维护、保养，簸箕街的路就变得平整好走多了。

繁华转眼过

中华人民共和国成立初期，成都市第一条柏油路，从盐市口到北门大桥一线贯通。1952年7月1号，成都市公共汽车公司开业运营，全市第一条公交线路上的1路车，从北门金牛区的梁家巷驶出，开往盐市口，而进城的第一个站就是簸箕街。当天看热闹的人挺多，真是万人空巷，当时的公交车都是用旧货车改装的，车厢骨架还是用青冈木做的，车厢也是全木结构，虽然简陋如此，但丝毫也没有浇灭百姓想坐一坐的热情。这是簸箕街和成都第一条公交线路的故事。

过去的簸箕街不仅有热闹的干杂集散市场，有最洋盘的公交车路过，很早以前这里还有一座著名的寺庙，叫作金绳寺，据说五代时期著名高僧贯休当年就居住在此。这名高僧不仅修行好，还做得一手好诗，因留下过"一瓶一钵垂垂老，万水千山得得来"的诗句，被称为"得得和尚"。他的人品才华还曾得到前蜀主王建的赞赏，被封为"禅月大师"。可能因为这样一位高僧曾经在此落脚的缘故，金绳寺的名气也跟着大了起来，到宋代时已经发展成为一座规模很大的著名寺庙，并成为当时的游宴胜地。在明代著名学者杨升庵笔下，金绳寺是与大慈寺、净众寺、石犀寺、延庆寺、金沙寺并列的成都六大寺庙之一。而且，当年这六大寺庙有一半都在北门，可见当年的金牛区不仅是商贸发达的繁华之地，也是梵音缭绕的禅修圣地。可惜明末时金绳寺被毁，尽管到了清康熙年间得以重建，但寺庙再也不复往日的荣光。20世纪40年代，在金绳寺旧址开办了成都市立中学，后来分为市立中学与市立女中两所学校。20世纪50年代后学校改名为成都六中，2001年，成都六中合并到成都八中。

关于成都八中，还有一段故事。很多人以为成都武侯祠只有位于武侯区的那个三国遗迹博物馆。其实成都至少有过七座武侯祠，其中一座就位于城北簸箕街，在成都八中所在地，曾有断碑可寻。《成都县志》记载："县北二里簸箕街，名丞相祠，汉末建，国朝有培修。"看来这条簸箕街还真有些名堂，可惜如今的成都再也寻不到这条老街的路牌，曾经的街景也早已变了模样。

这种情况，不仅是成都，在中国很多城市都有，这无处寄托的乡愁！出生的那条街不见了，小学读书时经过的那条巷子呢，那条唐宋诗人吟咏过的大街永远消失在过往时间的长河里……簸箕街，在哪里？只有离它不远的北门大桥，依然在连接着这个城市的过去与现在。

严家祠：父子藏书垂千秋

一座城市的精神高度和文化厚度，藏在这座城市的书店里。成都作为一个一心打造"中国书香第一城"的城市，自20世纪初新型书店的出现，就将爱读书、爱阅读的种子埋进许多人的心中，也激发了这个城市的人对知识的渴望。不过，就在各种书店与文化空间如雨后春笋般出现在成都街头巷尾的今天，一座位于和平街16号的二层砖石小楼却在百年风雨中显得格外特别。

蜀中"天一阁"

　　在熙熙攘攘的春熙路附近，一处鲜为人知的宅邸隐藏在闹市的一角。当你走近它时，似乎还能闻到过往的翰墨飘香。1914年，一位叫严遨的学者在这个地方修建了一座书库。在无数个青灯如豆的夜晚，这里曾是许多蜀中文人学者抚卷沉吟的港湾。这座书库仿皇家档案馆，整体是中西合璧的建筑风格，分为上层、下层与地下层。书库基座上雕刻着青狮白象、卷首白云的图像，书库中部的大门为圆门洞，二楼为有西式建筑特色的小阳台。这座书库藏书量很大，有蜀中"天一阁"的美誉，而且藏书质量也很高，有不少极为珍贵的珍本和孤本。这个大隐隐于市的书库就是藏书界享有盛名的"西南第一藏书楼"——贲园。

贲园

它的创建者正是中国著名的藏书家——严雁峰与严谷声父子，而他们的严家祠堂就位于成都金牛区天回镇上。

藏书楼以"贲"字为园名取"气势旺盛、诸事畅达"的古意。中国历史上，从来就不缺文人，我们对诗人、词人如数家珍，却对另外一个文人群体十分陌生，他们就是藏书家。不少人对藏书家也有些许误解，以为只要爱书而且有财力就行。其实，藏书家不仅仅需要有这样的"硬条件"，还必须有极高的文化修养和审美能力，同时还要有深谋远虑的规划构想和一份情怀。而且藏书也并非大家以为的仅仅只是书籍的收藏与管理，他们要做的工作相当多，比如辑佚、校勘、序跋、作目录。辑佚，就是完全或部分恢复散失文献的原貌，古人常说的"钩沉"也是这个意思。除此之外，还有刻书、出版、提供阅读等等，绝不只是"藏"那么简单。

严氏父子之所以能修建起这样一座积淀中华优秀文化的巨大宝库，还得从严家的发家史说起。严氏父子不是成都本地人，而是沿着金牛道从陕西而来的"蓉漂"。在清代的成都，曾经活跃着不少陕西盐商，严家就是其中之一。从古至今，私人藏书都需要相当的财力支撑，而私人能够建起一座藏书楼更是令人刮目相看。这个严先生除了雄厚的财力，还有一股什么样的推动力让他将藏书事业坚持到底呢？在成都杜甫草堂博物馆，不知道是否有人曾经注意过在工部祠前廊挂有这样一副楹联：

> 歌吟成史乘，忠君爱国，每饭不忘，诗卷遂为唐变雅；仕隐好溪山，迁客骚人，多聚于此，草堂应作鲁灵光。

这副对联的撰写人就是渭南严雁峰。严雁峰是陕西渭南人，出生在盐商家庭，家庭富足，自幼接受过良好的教育。后来到成都尊经书院学习，师从晚清文学家、曾国藩的"忘年交"王闿运。他出身书香门第，还是想求个功名，光耀门楣。可惜，他运气不佳，连续几次科考都名落孙山。俗话说："失之东隅，收之桑榆。"虽然入仕之路坎坷，但是严雁峰却发现了另外一件更值得投入的事情——收藏书籍。在一次前往京城赶考的途中，严雁峰开始了自己的第一次收书经历，他斥巨资买下古籍，运回四川。途经西安时，又遇到有一千多部古籍出售，他又毫不犹豫重金买下全部收走，回到成都先把这些书寄存在大慈寺和文殊院，马不停蹄地修建贲园。严雁峰酷爱书籍，最后不惜将祖传经营的盐业变卖，致力于搜书、藏书、刻书。他一生治学修书，几经努力，二十多年间藏书量达到十一万卷。1918年，这位为藏书倾尽一生心血的先生与世长辞。先生病故之时，书库工程才开工三年多，还没有建成，那万卷藏书该如何传承下去呢？

藏书万卷终报国

近年来，"家风"建设备受重视。所谓家风，就是一个家庭的灵魂所在，也是一个家庭的立身根本。从严氏父子身上，我们看到了什么是风骨与气节，什么是文化的传承。当时因严雁峰妻子，也就是祝太夫人没有生育，为了让藏书得到妥善保护，严雁峰按照旧俗从渭南族人中选择养子，以继承他的事业。在物色养子时，严雁峰不挑家道、不计容貌，只有一个要求："只求保我五万卷藏书，则平生愿足！"最后，他选中严谷声作为中意的继承人，原因就一个，严谷声淳朴憨厚。果然严谷声不负重托，殚精竭虑承传家业。民国时期的严氏父子用他们的持家故事为家风的定义做了最好的注解。

严雁峰去世后，严谷声继承先父遗志，"能敬承先绪手泽，重以遗言"，将藏书事业发扬光大。为严格管理和保存家藏古籍，贲园参照皇家档案馆皇史宬设计，考虑了防潮防晒、控制温度、防虫防蛀等方面的问题。库内书籍分门别类存放，经常清点，积年累月毫不懈怠。每年春天，严谷声都会雇人翻书，具体工作就是坐在书库内不停翻动书页，避免虫蛀和湿气的侵蚀，另有专人管理霉烂、发脆、脱页断线的书。 到1949年，贲园藏书达到三十余万卷，比严雁峰所在时的藏书量扩大了三倍多，收藏全国地方志约有两千余种，有宋、元、明、清各代出版刻和抄本，包括宋版孤本《淮南子》等世间罕见的珍品，这其中最为名贵的是顾炎武的《肇城志》抄本。严谷声不仅收藏，还整理出版了上百种古籍和三万多片雕版。英国大英博物馆、牛津大学图书馆、俄国列宁图书馆都有陈列贲园，美国国会图书馆还专门开了"渭南严氏精刻善本书籍室"。

严谷声是真正的爱书之人，因为一般的爱书之人可能会将喜爱的书私藏，概不外借，但严谷声先生贲园的藏书无私提供给蜀中文人学者阅读、查询，完全免费。许多著名的文人学者都与严谷声先生和贲园有着各种各样的缘份：中国早期资产阶级改良主义思想家宋育仁写过《贲园书库记》，介绍贲园书库和藏书；历史学家张森楷为贲园书库编纂过《目录辑略》。抗日战争时期，数学家余介石、作家叶圣陶等曾借住严家西郊房屋，严谷声分文不收，让他们随意查阅资料，并免费提供吃住。画界张寒杉生活清苦，所画作品不为人们所重视，严谷声却从不小视他。年轻画家李遇春进修画艺，严谷声指点迷津、解囊相助。当年全国各地学艺者,凡到四川,只要来到贲园,都会受到关照。几十年来,严谷声广交社会名流贤达,贲园一时间成为"文人学士艺术家之乐园"。20世纪40年代,著名历史学家陈寅恪也曾莅临贲园拜望,翻阅真善古籍。还有顾颉刚、蒙文通、谢无量、于右任、张大千等,都是贲园的座上客,受益于贲园。那时的贲园可谓"谈笑有鸿儒,往来无白丁"。

贲园这么多的珍贵书籍,除了吸引来求知交流探讨的目光,也被不少外商和国内古董商盯上。日本东京文禄堂和美国哈佛大学都曾以重金为饵,想收购贲园的地方志。美国哈佛大学甚至出价五十万美金收购。五十万美金在当时是什么概念呢?这里有组数据可以大概比对:民国时期一美元相当于一克黄金,三百美元就可以在美国买一辆小汽车。面对种种诱惑,严谷声不为所动,断然拒绝。更传奇的是,当时的军阀、流氓还曾三次绑架、关押严谷声,目的就是为了那些藏书。20世纪40年代后期,贲园藏书还一度成为国共两党争取的对象。国民党要人张群、朱家骅、杭立武等人劝严谷声将藏书移至台湾或香港,而另一方面,中共方面的周恩来也通过邵力子致函严谷声,对他收藏和整理古籍的事业表示敬重。最终严谷声选择了将藏书留在贲园,留在成都。

严家花费重金,破财免灾,保护藏书。而这些保护下来的藏书,严谷声于1950年前后全部捐献给中华人民共和国的人民政府,全部藏书三十余万卷,自刻书籍木版三万余片,全国两千八百余县县志以及各个朝代名人的书画、碑帖、文物全部捐给国家,现今收藏在四川省图书馆。人民政府接收这批书籍时,发现没有一卷有水渍、虫蛀,着实让人惊叹。不仅如此,严谷声还将藏书楼贲园以及花园公馆也都捐给了国家。

严雁峰与严谷声父子俩不求官职,宁舍万金,不弃一卷,在

那个艰难时代，一心护书并将其献给国家更是难能可贵。这样的精神也应了王闿运先生当年题写的一副对联：

无爵自尊，不官亦贵；异书满室，其富莫惊。

正是他们内心那份坚守与执着，那份"择一事，终一生"的家国情怀，才让我们后世得以拥有如此丰厚的一笔精神财富。

寄情山与水

清代学者傅崇矩的反映清末成都社会全貌的《成都通览》，说清末成都城内有八十四家祠堂，而当时成都有五百多条街道，也就是说差不多平均每六条街道就有一座祠堂。这些祠堂要么隐藏在熙攘的闹市街巷，要么偏居于宁静的田野乡间，作为耕读文化和宗法制度的标志，甚至说一种信仰。西方人的精神寄托在教堂，中国人的精神寄托在祠堂。近几十年来，祠堂的功能消失，建筑也湮没在了历史的尘埃之中，幸运留下来的，会像宝贝一样得到妥善保护。在成都北门金牛区天回镇街道，有一个叫作"严家祠路"的街道，根据这个名字可以推断此处应该有个严家祠堂。不错，这里真有一个严家祠，而祠堂的主人就是严谷声。

祠堂，是汉族人民供奉祖先和祭祀的场所，是宗族的象征，严家祠也不例外。这里最初是严谷声为他的母亲祝太夫人购置的墓地。1920年，祝太夫人的墓从凤凰山迁葬来到天回乡的东山坡，现在此处依然可以看到严谷声的同乡挚友、著名书法家于右任所书的碑文"清封宜人严母祝氏之墓"。而严谷声的父亲严雁峰先生的遗像则被安放在祝太夫人墓地右侧的房屋之中。后来，严谷声因地制宜，逐渐将墓地的前后山坡开辟出来，办起了一个初具规模的小型农场，专门种植花木、瓜果和水稻，开拓出了一片生机，这里也从此得了一个新的名字——北山农场，其位置大概就在天回镇银杏园内，占地十来亩。

严谷声先生除了平日在城里的和平街埋首于翰墨书香，空

北山农场的荷塘

闲之时他会把这里当作自己的另一片精神家园。只是那时候还没"度假"这个说法，但是北山农场俨然有了几分农家乐的意思。稻香、花香、书香，当代人向往的桃花源，大抵就是如此。

> 平野尽桑田，出户看云，亲舍依稀犹在望；
>
> 小园新结构，既耕且读，嚣尘洗涤赋闲居。

这副悬挂在小院大门口的对联，将主人闲适的心态表达得极为准确。这个北山农场，不仅令主人自得其乐，更是吸引了不少座上宾来此寓居，如张大千、于右任、谢无量等都在这儿题过诗、作过画，留下了具有影响力的丹青墨宝。

到1942年，这个农场已经兴办了十一年，可以说硕果累累，蟠桃、水蜜桃、柚子等，都已分别成林。别看严先生是一个读书人，打理起农场来一点儿也不马虎，他把治学的精神放在农场管理上，绝不埋首故纸堆。他研究的重点是花果嫁接、水稻杂交和优良品种的培植，从陕西、甘肃、四川等地征集移植了不少品种，还设置了场长和技术总监岗位，曾有农学院派了几批学生到这儿来实习。

20世纪50年代，农场因为资金问题无法继续经营而解体，花木无人经管，桃花源一下子变成了荒园，雕刻精美的祠堂也在后来的日子里失去保护，后来成为了一所小学，仅有墓园中的14种名贵树木得以保存下来。几十年间，这里逐渐改变模样，北山农场欣欣向荣的景象早已成为褪色的记忆。

青山依旧在，故人却非昨。如今，祠堂不见，只有当年亲手所植的红豆树木已经成为历史的见证者。那些传奇的故事似乎并没走远，严氏父子的墓志铭就是他们一生最好的写照：

严氏原籍陕西渭南，清雍正入川，开拓盐业致富，
储文献，弘扬儒学，终成藏书大家。……

长达千字的墓志铭，在这里只能起个头，远远不足以表达人
们对他们的尊重。他们为中国藏书事业做出了巨大贡献，其精神
气节和人文情怀令人敬佩！最近据说严家祠的恢复工作已经进入
规划阶段。但愿严氏父子带着他们的故事、情操，重新回到大众
的视野之中。

成都—绵阳—广元—汉中—西安

历代尚未有锦，而成都独称其妙。

踏破铁鞋，寻觅千年古刹；横穿野史，勘察万佛遗踪。
悠悠岁月，几时诞生纸币；浩浩蜀川，何处制造交子？

终冬始春，吉日良辰，置酒高堂，以御嘉宾。

大道金牛

节目视频
精彩内容 尽收眼底

节目音频
解放双眼 即刻倾听

牛氣冲天

财富传奇里的金牛

五丁开山辟蜀道

改革开放四十多年来，中国发生了翻天覆地的变化，特别是在基础建设这个领域，中国说第二，全世界没人敢说自己是第一。现在中国的超级工程，每一个都能震惊世界，逢山开路，遇水架桥这种事早就不在话下。从公路到高铁、从港口码头到跨海大桥，当世界惊讶于中国速度、中国奇迹时，我们不应该忘记，早在两千多年前，勇敢的古蜀人就在世界交通史上创造了一个奇迹。

相传在战国后期，来自蜀国的五丁壮士用血肉之躯打通了秦岭、龙门山脉的阻断，接通秦蜀两地，而这条具有重大历史意义的古道，就是起点位于金牛区天回镇天回山的金牛道。作为蜀道中最重要的一条道路，金牛道的修筑开通时间，比古罗马大道还早！

一条古蜀道，半部交通史。大道金牛，牛气冲天，让我们的解读之旅走进金牛古道。

蜀道雄关真如铁

早在商周时期，古蜀人就已经与长江中下游地区和印度洋地区的人们开始交流往来。那是南行之道，而四川盆地的北边，大山阻隔、道险且长，当时的人们没有办法从技术层面攻克这个难题。所以，这种局面一直持续到公元前316年，历史才在这里拐了个弯。那时候志在一统天下的秦国开疆拓土、励精图治，秦惠文王早就听闻巴蜀之地富庶，于是一直虎视眈眈，要把它拿下。秦国的打算，就是把整个巴蜀地区，打造成它一统中原的后方基地，利用这里的人力物、力去争霸天下。而相对保守的张仪则觉得，虽然蜀国沃野千里、物产富饶，但想要吃到这块"肥肉"，其实非常困难，光是要跨越川陕之间秦巴大山的天险，就几乎不可能，而且还可能得不偿失。

但秦王的意志是无法抗拒的，在另外一位大臣——司马错的支持下，秦惠文王最后拍板决定：伐蜀！可是，凭借自然踩踏的原始小道，秦国数十万的虎狼之师想要进入蜀地，简直不敢想象。常言道，兵贵神速，光走都要走个好几年，这长途跋涉如何打仗？所以很，一条注定被载入史册的计谋悄然出炉。当时秦惠文王派使者翻山越岭来到蜀国，在蜀王面前提劲儿吹嘘：秦国天降石牛，夜能粪金，愿与蜀国交好，将石牛献给蜀王，可是得请蜀国开道迎接。贪心的蜀王哪里知道这是一个巨大的陷阱，便"发卒千人，使五丁力士拖牛成道"（《蜀王本纪》），日夜劈山破石，凿险开路。

五丁开山雕塑
▼

五丁开山雕塑 冷冰摄

　　关于当时修路过程的惨烈程度，从李白的"考古文献"《蜀道难》中，我们可以看到一些侧面，"地崩山摧壮士死，然后天梯石栈相钩连"。就在如此艰险的情况下，这条贯通川陕的道路仅仅用了一年时间就大功告成。当蜀王在成都坐等来自秦国的金牛时，等来的却是如狼似虎的秦国大军。于是，"乱峰碎石金牛路，过客应骑铁马行"，最终蜀国在自己亲自修筑的道路上走向了灭亡。这条为迎接秦国粪金之牛而修筑的栈道，因此得名"金牛道"。

　　传说自然不是历史，但是传说是历史的折射。当我们把虚构的部分从里面剥离的时候，大概就能从中窥探到历史的一些蛛丝马迹。无论是什么原因促成的，这条举蜀国全国之力修建的官道，都成为推动成都乃至蜀地城市发展进程的关键因素。传说中的"五丁开山"，至今还在从汉中到成都的古道上留下很多遗

迹，还有很多跟"五丁"有关的地名。单在金牛辖区，就有五丁桥、五丁路，"五丁开山"的雕塑也巍然矗立于此。一直以来，很多人以为五丁就是五个成年男子。其实并非如此。蜀人喜欢"五"这个数，把"五"作为一个吉祥数字。"五"在当时的蜀国，是一种编制，一种社会组织，"五伍为两，五两为卒，五卒为旅，五旅为师"，因为有着这种组织方式，才有了五丁力士这个说法，而五丁力士其实就是蜀国的特种工程兵部队，跟现在我们修建铁路、公路的工程兵是一个概念。

今天我们回头来看这条道路的修建，在那个遥远的古代，真的算是一个超级工程！在龙门山脉与秦岭天堑的绝壁沟壑间凿石筑路，其工程之艰险、耗费之巨大，放在现代社会都不是一件容易的事情，何况还是两千多年前的古蜀时期？！

敢叫天堑变通途

我们常说的蜀道一般有"北四南三"或"北四南四"的说法，依据地理位置不同，以汉中为界，可以分为南段和北段。北段以西安、宝鸡等城市为起点，翻越秦岭到达汉中地区；南段从汉中开始，向南翻越大巴山，最终到达成都。作为蜀道最惊险也最为核心的一段，金牛道的开通对于蜀地的交通来说，是一个质的飞跃。金牛道开通后，打通了崇山峻岭与中原文明造成的阻隔，三个天府之地——关中平原、汉中盆地、成都平原——得以连接起来。其实，从古至今，世世代代的蜀人一直在思考一个问题：如何从四面环山的盆地里走出去，向外拓展、对外交流？虽然有着地理环境限制的客观因素，但是古蜀人仍然千方百计地想和外界建立联系，并且实实在在地建成了联系。试想三星堆纵目青铜人像夸张的眼睛造型，和甲骨文"蜀"字上方的眼睛图案，也行都表明了蜀人对于走出盆地，对外部世界的一种渴望。如果说，双目突出是蜀人对眼睛崇拜的一种表达，是对天地的想象和对未来的希望，那么金牛道就是从不故步自封的蜀人实实在在拼出来、走出去的一条大道。五丁开辟金牛道，它体现出来的是一种无畏艰难困苦、勇于开拓创新的精神。

曾经，金牛道几乎是四川人北上出川的唯一通道。在过去的两千年里，金牛道默默无闻地发挥着贯通南北经济文化的重要作用，直到民国时期，才迎来了一次大的变革。1937年2月，川陕公路全线开通，其中大部分道路就是在有着两千多年历史的金牛道的基础上扩建、改建而成。川陕公路曾是抗战中连接西北与西南的大动脉，曾承担过抗战内迁大学的入川重任。1949年后，川陕公路经过多次改造、维护，之后的数十年里，货车成为路上的主角。路窄、弯多，山高、谷深，纵有千难万险，仍未阻挡日复一日的滚滚车轮。新千年后，随着成都到绵阳、绵阳到广元、广元到汉中、汉中到西安这些高速公路的一一贯通，"老川陕路"一段段被"新川陕路"逐渐取代。值得庆幸的是，大部分高速公路并未在原来古蜀道的基础上进行改建，而是另寻他处修建，所以还有部分古蜀道得以保留，供后人观赏、怀古和研究。从抗战时期，到中华人民共和国成立，再到改革开放，直到今日，川陕公路上碾过了将近一个世纪的车辙，更承载了千万人的出川梦。

2017年年末，中国交通史上发生了一件绝对值得纪念的重磅事件——我国首列穿越秦岭的高铁，从成都驶出，一路向北，朝着另一个古城西安奔去，而且还是以每小时二百五十公里的速度风驰电掣而去。想当年，蜀道之难，"黄鹤之飞尚不得过，猿猱欲度愁攀援"。在诗仙李白的笔下，这蜀道，鸟儿也飞不过，猴子也攀不过，简直就是"一夫当关，万夫莫开"。而如今，西成高铁成为连接两座西部"新一线城市"的大动脉。天堑变通途，让秦岭南北高速相连，六百四十三公里的路程，只需四个小时。"中午吃泡馍，晚上吃火锅"，已经是"吃货"可以完全实现的美食攻略。从秦始皇兵马俑博物馆到武侯祠，从春熙路到钟鼓楼，西安与成都，成都与西安，再也不遥远。回望历史，从金牛古道到川陕公路，从宝成铁路到西成高铁，成都正与世界发生着越来越紧密的联系。三千年蜀道，越走越宽阔。

"天府"美名自此定

如果说，金沙遗址中的太阳神鸟是在意念上表达古蜀人遨游远方的向往，那么从天回山出发的金牛道则是古蜀人用智慧与血汗修筑的一条康庄大道。通过这条路和这条路所蕴含的天府文化精神，成都从最原始的农业文明，一步步走到了辉煌的今天。

金牛道一开，成都向北就有了一条像模像样的道路。路好走了，交流沟通的频率也就加快了，城市的规模也开始呈几何级数增长。在这种对外交流的过程中，首先是中原发达的科技手段传到了蜀地。比如，从重要的冶金方面来说，《华阳国志·蜀志》这样写道，"内城营广府舍，置盐、铁市官并长丞"，中原先进的冶铁技术被带入巴蜀，秦国还专门建立了官营的铁器生产场所。说起来，蜀地矿产尤其是铁矿资源丰富，《史记·货殖列传》中记载："巴蜀亦沃野，地饶卮、姜、丹砂、石、铜铁、竹、木之器。"但是铁矿却并没有被完全开发与利用起来，其根本原因就是冶炼技术不到家。这也就是为什么在金沙遗址博物馆收藏的各色藏品中，没有铁器的原因。

眼看着家里有矿，但苦于没有成熟的冶炼技术，成都人也只能干着急。金牛道一开，北方先进的手工冶铁技术传入蜀地，由此开启了成都冶铁工业的黄金时代。蜀地的人们再也不用依赖"进口"，而是在自家门口就可以买到"成都制造"的铁器。古人常说，工欲善其事，必先利其器。工具使得顺手，生产效率自然就会提高，地处天府之国的成都，农业生产由此进入一个新的阶段。虽然成都冶铁技术输在了起跑线上，但通过技术交流很快就赶上中原地区的先进水平，并一跃成为西南地区的冶铁基地。成都生产的铁质兵器作为重要的军事资源，不断地被运往关中地区，为中国历史上的第一次大一统做出了不可磨灭的贡献。1957年在金牛区天回山东汉崖墓里，就曾出土了一把东汉光和七年（184）广汉炼造的环柄错金书刀，掐指一算，距今已超过了一千八百多年。顺便提一下，在这场冶铁的浪潮中，一些人也因此而发家致富，其中一位就是卓文君的父亲卓王孙。卓王孙靠主业之一冶铁"货累巨万亿",光是仆人就有上千人。如果汉代也有福布斯排行榜,冶铁大亨卓王孙妥妥地能跻身其中。如此优越的家庭条件,还给卓文君招来了风流才子司马相如,诞生了一段名传千古的爱情佳话。

农业工具得到较大改进,对于蜀地的人们来说就是一次伟大的"农业革命"。但是另外一个比较棘手的问题却一直没有得到解决,那就是可怕的洪水。岷江从山高谷深的岷山进入一马平川的成都平原,犹如脱缰的野马,夹杂着大量泥沙向成都平原奔泻而来,导致每年涨水季节,都会泛滥成灾。而这个困扰了蜀人不知道多少年的顽疾,直到蜀郡太守李冰沿着金牛道来到成都,才最终得到有效治理。

《史记·河渠书》记载:

> 蜀守冰凿离堆,辟沫水之害,穿二江成都之中。此渠皆可行舟,有余则用溉浸,百姓飨其利。至于所过,往往引其水益用溉田畴之渠,以万亿计,然莫足数也。

司马迁用这六十个字非常精练地概述了李冰在蜀地治水的事迹。伟大的都江堰水利工程的建设,使得岷江之水化害为利,滋润着成都平原,从此"水旱从人,不知饥馑,时无荒年"。在此之后,世人就将"天府之国"的美誉从关中地区转赠给成都平原。

"蓉漂"开化古巴蜀

在今天的中国,最具移民文化精神的城市恐怕要数深圳。20世纪80年代初,中国大地掀起了一股由内地向沿海"孔雀东南飞"的移民浪潮，深圳在这股浪潮下，从一个边陲小渔村，迅速崛起为一座拥有千万人口的现代大都市。而成都作为一个内陆城市，早在两千多年前秦灭巴蜀时，就有了它历史上第一次大规模的移民潮：随着秦国的金戈铁马从金牛道南下而来的，是大量移民一批批地进入蜀地。最初是一群操着秦腔、夹杂陕韵的老百姓通过金牛道，翻山越岭，来到成都安家落户，后来山东六国的移民也纷至沓来。金牛作为成都北面的门户，自然也成为移民运动中经济和文化交相激荡的地带，这种移民文化造就了成都包容、开放、拼搏的城市精神。而这种精神一直延续千年，传承至今。

金牛道开通后，成都正式被纳入中央王朝一体化的进程，中原文化大量进入蜀地，但是文化之间的融合却没有想象的那么简单，而是经历了一个漫长而复杂的过程。现代学者任乃强先生曾说："巴、蜀、南中，即今所谓大西南者，开化虽与中原同时，而以地形险阻，僻在边方，文化发育则不与中原一致。"从秦至汉初，不少中原来成都的外籍官员都试图改变蜀地的文化，但仅以官方的教谕或公告来实现，很难达到目的。思来想去，只有通过教育来改变这种面貌。正是在这种情况下，西汉景帝末年，一位叫文翁的人从金牛道走来，到蜀地担任蜀郡太守。他从教育入手，推动文化的融合与提升，一方面派遣学生到长安求学，另一方面在成都创立中国第一所地方官学"石室精舍"培养人才，"文翁石室"也就是现在著名的石室中学的前身。

文翁大兴教育，拉开了天府文化启蒙的大幕，蜀地文化有了新的大发展。东汉史学家班固在《汉书》中就曾大赞文翁："至今巴蜀好文雅，文翁之化也。"而架起这条文明开化之桥的金牛道，可以说厥功至伟。后来，沿着金牛道，还走进走出了许多我们熟悉的人物，他们都在成都当过"蓉漂"，有匡扶汉室、鞠躬尽瘁的诸葛亮，有"人生得意须尽欢，莫使金樽空对月"的李白，有在成都找到精神故乡的杜甫，有"当年走马锦城西"的陆游……这些名字，一个个都如雷贯耳！

站在金牛这块神奇富饶的土地上朝北遥望，那条历经沧桑的古蜀道千古悠悠、星光熠熠，它仿佛是一道雨后的彩虹，架在成都和中原辽阔的天空中。虽然这条古道早已随岁月隐没在秦巴山脉之中，但是它的开凿，确为成都打开了一扇通往中原、迈向文明的大门。

两千年前的一线城市

提起意大利人的优雅时尚，我们总会想起米兰的秀场，各种大牌令人眼花缭乱的T台展示，还有最新的时尚潮流趋势。意大利的时尚范儿，真的是刻在骨子里的。罗马、佛罗伦萨、威尼斯一向活跃着全球顶尖的艺术家，从文艺复兴开始，这些地方就是引领风尚的前沿。但在古典时期，风靡罗马皇宫和教廷，受万人追捧的奢侈品却是来自中国，而且相当一部分来自成都。那是公元前1世纪，恺撒大帝不仅是个野心勃勃的"征服者"，也是个爱出风头的时尚"领头羊"。一次去剧院看演出，他特意穿了一件来自中国的丝绸袍子，一个华丽的出场，就成为全场的焦点。现场的人们都被丝绸雍容华贵的色泽、旖旎瑰丽的纹饰、流动如岚的质感深深吸引。此后，人们争相效仿，穿戴丝绸衣服，赶时髦，以能穿着这样面料的衣服为荣耀。来自遥远东方的中国丝织品，已然成为一种身份的象征。这股流行风潮最后影响了整个欧洲。可以说，恺撒大帝的这次惊艳亮相，是中国丝绸最成功的一次广告。这些来自成都，贵比黄金的丝绸，其实，早在两千多年前，就通过一条神秘商道的连接，被源源不断地运往欧洲，并掀起一场全民时尚的风潮。这条神秘商道，被称为"南方丝绸之路"。

家有盐铜之利

在秦灭蜀之前，成都虽然已经是长江中上游地区的一个政治、经济、文化中心，但影响力毕竟还是有限。到了汉代，成都一跃成为全国五大工商业城市之一，是当时唯一一个位于秦岭—淮河以南的大城市。那么，成都之所以能大跨步地迎头赶上，或者说弯道超车，最重要的原因当然就是金牛道的开通，蜀地和中原腹地连为一体，加入中华民族融合与发展的行列之中。金牛道一开，不仅迎来一大批能人志士和生产建设者，而且带来各地先进的文化和生产技术，为汉代成都的崛起奠定了一个坚实的基础。

东汉画像砖上的晒盐场景

在汉代，成都农业、手工业已经开始稳步发展，并逐渐居于全国领先地位，创造了多个中国第一和世界第一。早在李冰任蜀守时，就在广都开凿井盐，创造了世界上最早使用天然气煮盐的纪录。西汉时期，成都盐井数量大增，而到了东汉就已经被世人称为"家有盐铜之利"（晋·常璩《华阳国志·蜀志》），成都当时的井盐生产技术领先全国。还有临邛（今邛崃市），在汉代成为全国冶铁工业重要基地、西南冶铁之都。

金牛道打通了成都这座城市的"任督二脉"，其崛起的速度，令世人刮目相看。粗犷如冶铁、煮盐，可以手到擒来；细致如织锦纺丝，也是得心应手。要说汉代成都蜀锦织造业的发达，可以用八个字来形容——"女工之业，覆衣天下"。东汉时期，成都织工已使用脚踏织锦机和脚踏织布机，这是当时世界上最先进的织机，比欧洲同类型的织机早了数百年。成都的蜀锦制造技术在当时已达到相当高的水平，品种繁多，纹彩华丽，并且留下这样一种说法："历代尚未有锦，而成都独称其妙。"为此，朝廷专门设置"锦官"这个机构，管理织锦作坊，成都的另一个别称"锦官城"正是得名于此，还有一条洗涤蜀锦的流江（今南河）被称为"锦江"。

除了锦官城，成都还有一个名字——车官城。这个名字，相对不是那么为大众所知。车官城的设置比锦官城要晚一些，大约在汉末至蜀汉时期，朝廷在锦官城之外又设置修建车官城，车官城就是车官衙门及造车、修车的地方。为什么要设立车官城呢？就是为了统一管理车辆的制造、修理以及调配等，并且对物流进行合理控制。因为成都当时不仅是西南地区物资集散中心，也是全国重要的交通枢纽之一。

锦官城和车官城，两城相望，一个宁静，一个轰鸣，一个纤纤濯素手，一个萧萧闻马声，它们共同构成了当时成都一道别具象征色彩的景观。这里需要特别提到的是，车官城还是成都最早的军事工业区，这里除了制造运输车辆，还制造出相当多的战车。而今天的成都，已经可以生产战机，著名的歼-20、歼-10、枭龙就是成都造。当然要说到车，你会发现车官城的繁盛从古到今都不曾落幕，成都的私家车拥有量已经排名全国城市第二。

商贸集散之都

说到经济发展和商业财富，古蜀时期成都就已经出现了"市"和"肆"的概念。《蜀王本纪》记载，春秋时老子骑青牛过函谷关，为关令尹喜讲《道德经》，讲到一半，老子有事要走，就说了一句："子行道千日后，于成都青羊肆寻吾。"肆，就是铺子、商店集中的市场。可见当时，成都已经有商业区的概念。秦并蜀后，专门设置市官进行工商业管理，而且"修整里阛，市张列肆"，划出相对集中的商贸区，类似现在的春熙路、盐市口、太古里这种商业区。到了汉代，成都的商业发展更是突飞猛进。据扬雄《蜀都赋》的描述，当时成都一共有十八道城门，"四百余闾（里巷）"，"两江珥其市，九桥带其流"，这是何等的繁华！班固在他著名的文学作品《西都赋》里，也明确讲到，长安的"郊野之富，号为近蜀"，意思是作为西都的长安，其郊外的经济水平和富饶程度已经接近蜀地，可以见得成都商业之繁盛超过西都。

还有一个小故事，可以从侧面让我们想象一下当时成都的繁华盛况。汉武帝时期，有个修路的蜀地地方官员在开凿道路的过程中遭遇困难，费了很多人力物力也没修成，汉武帝就下令要

《一品天下》 罗会坪作品

▲ 《科贸金牛》 姚叶红等绘

蜀绣之双面绣作品

新疆和田地区民丰县尼雅遗址出土的
"五星出东方利中国"汉代蜀锦织锦护臂

把他问斩。结果这个将死的地方官员说了句"忝官益土，憾不见成都市！"（虽然在益州做官，遗憾的是这辈子连成都都没去过！）令行刑官员动了恻隐之心，考虑到千里迢迢跑去成都，时间耽误不起，就专门布置一个成都微缩景观，让他好好看看成都集市的热闹繁华，以了却心愿。这个故事听起来似乎有点夸张，但是可见当时成都大集市对外的吸引力确实超强。而这种吸引力，直到今天依然非常强大，现在很多正在打拼的年轻人，选择在成都安居乐业，开开心心地做了"蓉漂"。

汉代的成都，在通西域之后，北出金牛，就开始向北方丝绸之路提供适合长途贩运、货值比高的大宗商品——蜀锦；从金牛向西南，在南方丝绸之路上转运蜀锦、蜀布、茶叶等特产。从这个意义上说，金牛是名副其实、当仁不让的南北丝绸之路的交汇点。千百年来，以商贸浸润的金牛形成了汇通天下的文化特质和与之一脉相承的创新、包容、诚信、友善的文化因子，也奠定了这个城市拼搏进取的基调。

近些年来，在金牛区出土的大量有连续性的文物古迹，如老官山汉墓的蜀锦织机、曾家包汉墓的东汉画像砖、天回山东汉崖墓的说唱俑，以及1995年10月中日尼雅遗址学术考察队成员在新疆和田地区民丰县尼雅遗址发现的"五星出东方利中国"汉代织锦护臂等，都反映出两千年前成都作为一线城市的强大实力。时至今日，借着这些历史文物，仍然能够让我们不断发现成都昨日的辉煌。"烟火人间三千年，蓉城开处自九天。"成都因人而聚，因经济而发展，也因文化而不断丰富。作为成都的门户，金牛区又以金牛道的开凿，开启了这座城市往后两千年的荣光与骄傲。

交子传奇货殖天下

传统手工业的消失以及工匠失业，总让人难免有些遗憾和叹息。但近几年有一个"手工活儿"越来越不景气，却让人非常庆幸。这个行当是"扒手"，成都人叫"摸哥"，现在"生意"越来越不好做，为什么呢？因为现在的人们出门大都不带现金，不拿钱包了，习惯移动支付。支付方式的改变，是科技的改变，更是智慧的创造。从金沙遗址出土的海贝，到大宋年间独在四川流通的铁钱，成都一直是中国金融发展史上最活跃的城市，聪明的成都人曾经做了一件在中国乃至世界货币史上都具有重大影响的大事——创造世界上第一张纸币交子。交子的出现，在历史上绝不亚于今天移动支付带给我们的震撼。这项革命性的创新，注定会在人类货币史和金融史上被铭记和不断提起。

大宋蜀商汇集市

唐朝时，成都已经是当时数一数二的经济文化中心城市。五代时期，虽然中原战乱，但成都却一直处于战乱之外，因而维持着"扬一益二"的地位。到了宋代，无论是在人口数量，还是经济发展上，成都依然发展势头强劲。作为西南地区蜀锦、绢帛、麻布、茶叶、药材、纸张、书籍贸易的最大集散地和税收重地，整个四川在北宋期间的税赋贡献占当时全国的三分之一，而成都府排名全国第五。华阳人范百禄在《成都古今集记》序中这样写道："蜀之都会，厥土沃腴，厥民阜繁，百姓浩丽，见谓天府。"经济的发展让人们的生活更加丰富，成都人每个月都有不同主题的集市可逛，这种集市有点类似于现在的商品交易会。其实早在唐代，成都就已经有了这种主题集市，只是到了宋代，更有了"十二月市"的固定叫法，可见成都的会展经济起步相当早。后蜀君王孟昶最爱的妃子花蕊夫人就曾经在她的一首《宫词》中写道："明朝驾幸游蚕市，暗使毡车就苑门。"想着第二天要去游蚕市，这位娘娘竟然像个小孩子般兴奋得睡不着觉，吩咐人早早准备好了马车。女人爱逛街看来也是自古有之。据说过去成都的"十二月市"大概是这样的顺序：

> 正月灯市，二月花市，三月蚕市，四月锦市，五月扇市，六月香市，七月七宝市，八月桂市，九月药市，十月酒市，十一月梅市，十二月桃符市。

可见成都这个集市的主题很丰富，堪比现在的各种博览会。需要特别说明的是，月令集市只是一种习俗，比如九月药市也不光是卖药，只是以药材为主，仍然会有其他小商品售卖。

四川铁钱

如此有趣有看头的集市，逛的人自然不少。有来看稀奇、看热闹的普通民众，也有前来采购交流的专业商户。有成都本地的，也有四川其他地区和外地的，在集市上甚至还能看到外国商人的身影。可以说，主题集市汇集了南来北往的各路人等，足见成都经济的发达和手工业商贸的繁盛。在琳琅满目的集市上，按现在的话说，人们看到合心意的商品当然是想"买买买"了，可是想"剁手"却不是一件容易的事，因为当时四川地区只能用铁钱。

这种铁钱不仅面值很小，而且相当笨重，买卖使用中很不方便。举例来说：某个大户人家的小姐，她要上街买一匹蜀锦，一匹蜀锦时价为二十贯，按每贯铁钱重六斤半计算，二十贯铁钱重达一百三十斤！试想，她除了要带个丫鬟跟她走之外，还得雇一个壮汉，手搬肩挑一百三十斤的铁钱，才能把那匹蜀锦给买回来，这样的状况遇上稍微大宗一点的生意简直就无法进行。

既然铁钱那么重，带起来，花起来都不方便，存储又占地方，为什么一定要用铁钱呢？因为这是国家的规定。宋太祖赵匡胤灭后蜀后，把大量的金银铜全部搜刮到开封，并对铁钱采取限制政策，令其不得流通至江北，对蜀地却又听任其继续使用铁钱，《宋史·食货志》记载："蜀平，听仍用铁钱。"同时，也防止四川的铜钱流到西南少数民族地区。基于上述国家经济战略考虑，朝廷规定"禁铜钱入川"，所以四川地区只能用铁钱。但随着成都商品经济的高速发展，矛盾也日益凸显：一方面，外面的商户来成都进行贸易，用的货币不同，加上一些商人在其中搅浑水，导致铁钱贬值，甚至出现十四个铁钱才能换来一个铜钱的境况，铁钱的购买力直线下降；另一方面笨重、价值又低的铁钱已经无法满足市场对货币流通的需求。而此时，一种新事物正在商贸发达的成都悄然酝酿，呼之欲出。

大梦先觉"私交子"

在经济发达的唐朝，为解决铜钱转运过程中存在的种种问题，商人们创造了一种"飞钱"。当时各地方政府在京师设办事处，名为"进奏院"，也就类似现在的驻京办。进奏院商人在京师把货物卖出后，将货款交给进奏院。进奏院就会发一张文牒或收据作汇票，文牒和收据分成两半，一半给汇款人，另一半寄回本道。然后商人回到本道，合券相符，就可领回汇款，这就省却了商人从京师带钱回家和地方政府送钱到京师的折腾和风险。这个凭证就叫作"飞钱"，也是"交子"的雏形。《宋史·食货志》中就记载："会子、交子之法，盖有取唐之飞钱。"证实交子的产生来源于唐代的飞钱。

北宋的成都，不但有唐代以来的汇兑业务，还出现了类似后来钱庄、银行的交子铺。这些交子铺的主要业务一是汇兑，二是代客商保管现金，也就是那些沉重不堪、携带不便的铁钱。客商把铁钱存放在交子铺里，交子铺就填写一张票据交给客商，这个票据相当于现代的存款单。可别小看这张纸，这就是"交子"！它与今天我们到银行存款不同的是，铺户不但不付给存款人的存款利息，存款人反而要向铺户缴纳存款数额的百分之三作为保管费和手续费，这也就是铺户的盈利点所在。

这些铺户都是成都本地一些本来就有实体经营贸易的富商开的，所以他们不只发行交子，也有自己本来的买卖。那些换取了交子的客商在交子铺老板开设的商场里买东西，就提出能不能直接用交子购买商品的要求。交子铺老板也觉得这样更加方便，况且有利可图，便认同这样的支付方式。慢慢地，从一个交子铺发展到多个交子铺，有生意往来的交子铺之间相互认可对方的交子，朋友圈生意也就这样开展起来，交子也逐渐从存款单过渡到替代货币，也就是纸币。

结果，好景不长，交子铺户老板挪用客户存放的现钱去做生意，买田产，产生兑付纠纷，造成交子整体信誉受到影响。而信誉又是交子重要的生命体征，失去了信誉，交子就没有存在的意义。宋真宗年间，益州知州张咏对交子铺户进行整顿，剔除不法之徒，选择有信誉、可靠的十六户富户，只允许他们发行交子，其他铺户不可私自发行。拥有这样"特权"的铺户，除了信誉良好、财力雄厚的条件，还必须承担成都糜枣堰每年岁修的费用。这种半官方性质发行的，纸质相同、形制统一、印制精美、质量上乘、难以复制，交子一出现，立刻受到商家和民众的欢迎。这十六户富商发行的交子，已经不仅仅是存款单，没有真正的存款也可以填写发行，交子实际上已从最早的替代纸币，变成了信用纸币，已经具有现代纸币的功能与特点，后世称之为"私交子"（相对于"官交子"而言）。

成都繁荣的经济环境孕育了交子的诞生，大梦先觉的成都人凭借惊人的智慧和才智创造了这一金融发明，这比1661年瑞典斯德哥尔摩银行发行的第一张欧洲纸币早了六百多年。这一发明对人类文明的进步和世界金融业、商贸业的发展都有着极大的推动作用，同时昭示成都自古以来就是财富之城、成功之都。

追寻交子的足迹

2013年财富全球论坛落户成都，在三天的论坛会议中，一幅《成都交子·汇通天下》的油画为来自全球的政商领袖与金融精英们，展现了一千年前世界首张纸币诞生的历史画卷。画面中的人们正在交子铺里用铁钱等金属货币兑换交子，大家争先恐后，场面非常繁忙，形象生动地展现了"交子汇聚财富，财富成就成都"的内涵。

当年的交子究竟是什么样子？更重要的问题是，为什么世界上第一张纸币会产生在中国，又为什么会是在成都呢？

中国古代四大发明（造纸术、印刷术、指南针、火药）中的造纸术和印刷术，直接或间接地为交子的产生提供了必要条件。作为发明印刷术和造纸术的国家，这注定了第一张纸币会诞生在这个古老的东方国度。而交子诞生于成都，与其异常繁盛的商业和在全国遥遥领先的造纸、雕版印刷水平等密切相关。

成都自古以来就是重要的造纸中心。唐宋时，造纸业更是达到高峰。当时，成都主要生产两种纸，一种是用于生活的麻纸，另一种就是用来制作交子、书籍的楮纸。楮，就是构树。楮纸就是以楮树皮作为主要原料制造的，这种纸有明显的特点：一是颜色洁白；二是很吸墨，印刷方便；三是耐磨、耐折，可以随便折叠，且不易折坏。所以楮纸成为印刷纸币交子的最佳用纸，后来交子也被称为"楮币"。元代有个成都籍史学家叫费著，他就撰有《楮币谱》一书。

造纸业的发达促进了成都印刷业的发展。唐代中后期，成都已经成为全国主要的印刷中心。国内现存最早的雕版印刷品，唐印本《陀罗尼经咒》就出自成都。五代时期以及宋代，成都的雕版印刷业依然十分活跃。宋代文人叶梦德就曾说："今天下印书，以杭州为上，蜀本次之，福建最下。"也就是说，按照排名来说，成都的雕版印刷排名全国第二，仅次于杭州。也许正是因为成都的雕印技术有如此高的水平，净众寺才有机会获得《开宝大藏经》的刻版资格。除刻印佛经巨著《开宝大藏经》外，宋代四大书中，就有《太平御览》《册府元龟》两部上千卷的大部头著作在成都刻印，这使得成都有了"蜀刻甲天下"的美誉，并且有了"一页值千金"的说法。可以说发达的雕印技术，是成都安定繁荣的写照，也为交子的印制提供了可靠的技术保障。但凡是钱币，就得考虑防伪因素。成都人发明了交子，还为交子发明了一套特有的防伪技术。早在私交子时期，人们就用各种技术使得交子难以仿制。

> 踏破铁鞋，寻觅千年古刹；横穿野史，勘察万佛遗踪。悠悠岁月，几时诞生纸币；浩浩蜀川，何处制造交子？

巴蜀鬼才魏明伦写的这篇《交子赋》，就刻在中铁二院的石碑上，文怀沙也在碑文上题字"世界第一张纸币——交子制造地"。不过对于交子到底在成都哪里诞生的问题，学术界一直在讨论，至今还是个谜。作为研究交子的重要文献《楮币谱》，书中有这样一段记载："隆兴元年（1163），始特置官一员莅之，移寓城西净众寺。"这是史籍资料中唯一提到与交子有关的一个地方。那么能不能就此确定这个曾雕刻《开宝大藏经》的净众寺就是交子的印制地呢？不少学者提出自己的观点，认为净众寺应当是北宋官交子的印制现场，因为净众寺在唐宋时期香火极盛，既是成都西郊名胜之地，又是唐宋成都绘画名家的荟萃之地。中国第一部木雕板藏经选择在这里雕刻，说明当时净众寺已经掌握了相当高的印刷技术。同时，在寺庙印制交子，可以较大限度地控制闲杂人员。因为不是僧人的生面孔，一旦出现在净众寺里，就会很快引起人们的注意，这在管理方面多了一层保障。最后一

点，则是这里的环境和交子的产生有
密切的关系。由于纸浆加工过程中需
要大量的进水和污水排放，加之造出
的纸又需要大面积的场地晾晒，造纸
作坊就必须选在有天然来水和宽敞的
地方。而净众寺周围林木葱郁，有溪
水环绕，取水及排污都很方便，恰好
符合这些条件。因此，古人把交子制
造地选在净众寺是合理的，也是科学
的。当然，这只是一种说法，交子与

◀ 交子图样

净众寺的关系到底如何，现今学界尚无定论。令人困惑的还不止
于此，现在大家所熟知的交子图案也引起了不少争论。

　　配图所示的图样非常有名，很多书籍一提到"交子"就会用
这张图，它出自日本人奥平昌洪所著《东亚泉志》一书，图样不
是实物，上面有字"除四川外许于诸路州县公私从便主管并同见
钱七百七十陌流转行使"。现在学界的疑问主要集中在两点：第
一，四川的称谓是北宋末年到南宋的时候才出现，而交子是在北
宋初期出现的；第二，"除四川外"就明确地说明这是在四川以
外的地方通行的货币，也就说明这不是四川的交子，跟成都没关
系，而且"七百七十陌"这个面额也与交子的面额不符。所以关
于这个图案，现在国内金融货币专家和货币收藏家都一致认为应
该不是交子。真正的交子到底是什么模样，似乎已经很难还原，
史料中说是"同用一色纸印造，印文用屋木人物，铺户押字，各
自隐密题号，朱墨间错，以为私记"，但我们依然对交子的出现
充满期待。

　　交子如此强大，为什么不继续使用，而是退出了历史舞台？

其实，无论是官交子，还是私交子，信用价值都是它们存在的前提。宋王朝为应付财政和连年战争军费的需要，常常超过每界（"界"是交子流通的期限）限额发行交子，以解决巨大的财政困难。这样一来，交子不断贬值，金融崩溃随之而来。到了北宋末年的徽宗时期，朝廷诏令改交子务为钱引务，改交子为钱引。但是，纸币的发展并没有终结，交子之后，有钱引、会子、关子，一直到元代的纸币、大明的宝钞、清代的纸钱。也就是说，世界上最早的纸币交子在成都发明后，并没有夭折，而是代代相传，从未断绝。

荡气回肠的交子故事虽然落下帷幕，但其诞生、发展的过程，折射出成都延续千年的繁华景象，奠定了成都人"敢为天下先"的金融创新基因和开放理念。如今的成都，正汇聚各方金融人才，以金融开放和金融科技作为两个"风口"，不断增强西部金融中心功能，提升成都作为金融中心的竞争力。这个城市还将继续创造金融奇迹，我们拭目以待。

摇钱树的原始崇拜

现在许多公司或者企业的办公区都会摆放一种植物，有的叫它发财树，有的叫它摇钱树，其实这些树本身发不了财也摇不出钱，那只是人们向往财富的一种心愿而已。不过在中国古代民间传说中，还真有这样的神树，就叫摇钱树，上面"长满"各种金银元宝、钱币，只要摇一摇，钱就会掉下来。这种摇钱树在现实中真的存在吗？答案是肯定的。成都金牛区凤凰山上就有一株真正的摇钱树。

凤凰山现摇钱树

20世纪90年代，人们在成都北郊的凤凰山上发现了一座东汉崖墓，在里面发现有一株摇钱树，其实它是一系列陪葬品中的一个。摇钱树这个称呼也是几经变化而得名。很早以前这种在汉代墓葬中发现的随葬品没有确切的名字，人们根据它的形状与材质，叫它"树状青铜器"。20世纪40年代，著名考古学者冯汉骥先生结合文献资料，根据这树状的形态和上面缀满的铜钱图案，将其定名为摇"钱树"。后来这一名称基本得到学界认同，"摇钱树"这个名字也就流传了下来。

据粗略统计，目前国内共出土大概一百九十株摇钱树，这个数量超乎很多人的想象。有趣的是，这些摇钱树都是在西南地区也就是四川、重庆、云南、贵州等地发现的，最为集中的是成都平原。成都平原有这么多摇钱树，跟古代巴蜀地区"树崇拜"的传统有关。在上古传说中，天地的中央生长着"建木"，即沟通天地人神的大树，在"建木"的西边生长的是"若木"，同样是众神通天地的天梯与日神的栖息之所。传说"若木"的生长地，就在巴蜀地区。所以自夏、商、周以来，这片地区的人对于树有种独特的崇拜情结，死后都喜欢在陪葬品中放置青铜树。加上在汉代，巴蜀地区经济繁荣，冶铜、铸造工艺发达，所以当时人们在陪葬品中加入树状青铜器就成为一种潮流。这里必须破解一下人们对于摇钱树的误解，是一种与丧葬祭祀活动有关的器物，称作"明器"，也可以写作"冥器"。摇钱树最初诞生时的寓意不完全指向财富，它是"神树"，有四个主要功能：一是模拟天国仙界景象，引导墓主人升仙；二是保护墓主人死后旅途平安、保佑墓主人子孙繁荣昌盛；三是帮助墓主人在天国仙界谋取官职，保佑生者在人世间官位亨通；四是为墓主人和他的后人带来财富。后来随着社会经济和文化的发展，人们对神树的信仰逐渐被对金钱的崇拜所取代，于是原本代表神圣信仰的青铜树，开始演变为能招财进宝的摇钱树。

长林无树不摇钱

凤凰山这株摇钱树高1.46米，结构上和其他已出土的摇钱树差不多，都分为树干和树座；树干为青铜，树座为陶制。这棵树是青铜铸造，总共六层，每一层元素图案构的成都一样。树干最顶端是凤鸟，鸟嘴下蔓草、人物与鸟身连成一片。主干上伸出有方孔圆钱形树枝，圆钱边缘有芒刺。枝叶形态复杂，装饰有西王母、乐舞百戏、凤鸟、龙、虎、马、猴、鹿等图像。这些图像都是经过精心遴选的，每个图像都有故事和说法。比如西王母，唐代诗人李商隐有"嫦娥应悔偷灵药，碧海青天夜夜心"的诗句。传说嫦娥是后羿的妻子，因为偷吃了丈夫从西王母那里求来的不死药，就飞入了月宫。所以西王母一直被认为是长生不死仙药的所有者，人们会采用祭祀的方式希望得到西王母的庇护。还有一种有趣的说法，当年汉武帝派遣张骞通西域就是为了寻找西王母，目的之一便是取得能载人升仙的"天马"。西王母的坐骑也很有意思，叫作龙虎座，一头是龙，一头是虎。龙和虎很早就被认为是助人升天的工具。屈原的《九歌》就有相关描述，"大司命乘龙兮辚辚，高驰兮冲天"，"湘君驾飞龙兮北征，遭吾道兮洞庭"等。

围绕在西王母身旁的，有一些生动的人物造型：正扭腰回首的舞者，是表演跳丸和反弓的杂技演员，他们正在为西王母表演。看来，西王母的世界也是一派歌舞升平的景象。另外像猴子、马的图案，寓意马上封侯，而麋鹿或者梅花鹿，因为和"福禄寿"中的"禄"同音，寓意升官发财；同时，道家的长寿者也常常骑鹿，所以鹿也代表着健康。

再来看摇钱树的树座。树座上层有一头羊，羊角弯弯，留着胡须，向前奔走。有个穿着宽袖长衣的人，坐在羊背上，双手摇动树干，似乎是想将树上的钱币摇下来。陶座下层是两匹马，一前一后，慢步行走，非常悠闲。关于骑羊图案，应该是来源于蜀地骑羊升仙的传说。在汉代刘向的《列仙传》里，曾记载一位名叫葛由的蜀地羌人骑羊升入仙境，东晋干宝的《搜神记》里也对这件事有所描绘，并提到当地人民专门为葛由设立了数十处祠堂，因此可以推测"骑羊成仙"的意象在蜀地民众中影响很大。

从汉代到唐宋，成都作为大都市的地位从未动摇过，"扬一益二"名不虚传，浓厚的商业气息与先进的生产技术让这座城市孕育出世界上的第一张纸币。而这株摇钱树所在的凤凰山，也曾在成都各种商业活动中扮演过重要角色。宋代成都的十二月市中，蚕市位列规模最大、最具影响力的"三市"之一，不仅每年要举行七八次之多，也会在成都的五个城门同时举行，其中三月三日的蚕市就在凤凰山举行。费著《岁华纪丽谱》中就有相关记载："三月三日，出北门，宴学射山。……巫觋卖符于道，游者佩之，以宜蚕避灾。"在这热闹的蚕市上，不但出售跟养蚕有关的蚕种、桑条、饲蚕用具，还会有各种农用物资、药材等交易。整个市场人声鼎沸，昼夜不息，音乐环绕其中。不仅如此，还有杂技可看，有酒食可吃，跟我们现在逛的商品交易会没有什么两样。可以说凤凰山的蚕市，是宋代成都经济活跃的一个缩影，也反映出金牛区作为商贸大区的历史基础。

今天的金牛依然是成都市市区中人口最多、商贸最繁荣、经

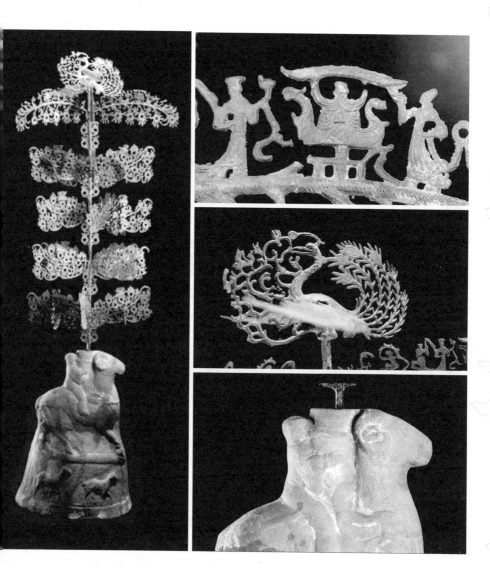

▲ 摇钱树组图

济最活跃的中心城区，全市七成以上的专业市场都在金牛区，它的经济总量已经连续二十九年位居成都市五城区第一位。从摇钱树到交子传奇，从三月三凤凰山蚕市到国际商贸城，金牛的财富故事还在被更多具有创新基因的人们奋力书写着。

为有源头"金泉"来

在著名的金沙遗址博物馆，你可能会发现这里展出的文物中有不少黄金制品，比如镇馆之宝"太阳神鸟"金箔、金冠带、金面具等，金沙遗址现已出土的金器竟然有两百多件，无论是从数量还是种类来看，都是中国同时期发现之最。这与中原和北方地区崇尚青铜器有很大不同。金沙遗址中的黄金不仅数量多，而且很多还是国家重器。那么古蜀国王室对黄金的需求量这么大，黄金原材料是从哪儿弄来的呢？让我们把目光聚焦在离金沙不远的一个叫作"金泉场"的地方。那么这个金泉场和金沙有什么关联呢？这些地名里又透露出怎样的信息呢？

淘金金水河

专家考证，金沙遗址出土的金器都是用自然沙金加工而成。岷江就出沙金。一般来说，在河谷由窄变宽让、转弯处和支流交汇处，沙金沉积得比较多。成都平原西北高东南低，岷江冲积成都平原之后，金牛区这个区域沉积下来的沙金正好非常多，是一个沙金富集区。

　　这也就解释了为什么金牛区的很多地名跟"金"、跟"沙"有关。金泉场的得名也不例外。金牛区的金泉场就是现在的土桥，土桥以前的名字就叫金泉场。之所以叫作金泉场，是因为相传这里是古蜀沙金盛产地，有一条"含金量"很高的河流从这儿经过。这条河是古金马河的支流，叫作金水河。古金水河流到这儿时，水势逐渐减缓，沙金就沉积在河两岸。三千年前的古蜀人就开始在沿河两岸淘沙金，把沙金加工成华丽的饰品，供给蜀国王室享用。

　　俗话说："靠山吃山，靠水吃水。"金水河产沙金，自然就少不了淘金人。日复一日、年复一年，聚集的人越来越多，商品交易市场就开始形成。市场里有专营沙金买卖的，有专营淘金工具的，还有给淘金人提供日用百货和柴米油盐的，慢慢地这儿就形成了场镇，也就是后来的金泉场。这地方很漂亮，每年春暖花开之时，桃花、梨花、油菜花吸引了很多成都人到此游乐，有诗为证：

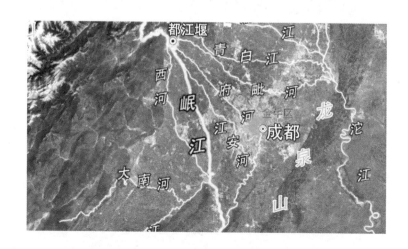

成都平原地形图

绮场纷纷十里赊，望中烟景半春华。

人游实历青丝骑，路临土桥金犊车。

绿衬凤头垂径草，红攒鹘首照汀花。

夕阳敲灯余欢在，不惜鹔袈认酒家。

宋代进士梅挚的这首诗，生动形象地描绘出人们踏青的欢乐场景。秀美的好风景，经济的繁盛，有人忙着淘金致富，有人沉醉郊游踏青，还有的人则专注于酿出一杯好酒：

王家芳邻本姓游，游记酒店醉日休。

料得月月掉魂处，典当银沽金泉酒。

这是一首曾经在金泉场流传的竹枝词。听当地老一辈人说，这里曾经出过一种酒，叫金泉酒，因为清洌香醇、物美价廉，深受大家喜爱。

酿酒画像砖

闻道金泉酒

　　说起成都的酒，可能最有广告效应的应该是"文君当垆，相如涤器"。司马相如和他的知心爱人卓文君开办的小店，可能也是中国最早的一个"网红店"。成都人爱酒、造酒、喝酒的历史由来已久，《华阳国志》就写道："九世有开明帝，始立宗庙，以酒曰醴。"从金牛区曾家包汉墓的酿酒画像砖上，我们就已经闻到天府之国芳香四溢的酒香。

　　西汉扬雄、西晋左思各写了一篇《蜀都赋》，不仅标题相同，文中内容也都描绘了成都酒宴觥筹交错的升平景象，如："终冬始春，吉日良辰，置酒高堂，以御嘉宾。"（左思《蜀都赋》）

　　川人好酒，唐朝成都诗人雍陶就曾自信满满地说"自到成都烧酒熟，不思身更入长安"。这样的评价也赢得另外一位诗人的"跟帖点赞"。李商隐一句"美酒成都堪送老"，让两位异乡人在成都找到了精神寄托。李白喜欢喝酒都不用说了，不仅他自己的诗里有大量和酒有关的内容："花间一壶酒，独酌无相亲。""五花马，千金裘，呼儿将出换美酒，与尔同销万古愁。"就连他的好友杜甫，也大张旗鼓地宣扬李白能喝酒："李白斗酒诗百篇，长安市上酒家眠。"其实，在唐朝诗人当中，最能喝酒的也行不是李白，而是杜甫，他的诗中跟喝酒有关的诗句远远多于李白，包括杜甫客居成都的时候，他暂时远离战火和纷乱，终于能过上疏放的生活，"宽心应是酒，遣兴莫过诗"；偶尔有客人来访，他会乘着酒兴，邀请隔壁老翁和他一起对饮，"隔篱呼取尽馀杯"；以至于在成都有了一种隐士才有的心境，"只作披衣惯，常从漉酒生"。这是真实的杜甫，非常随意、自然的生活状态，是在成都这样的地方才会有的一种心境。曾经的飘零、家国情怀、宦海沉浮，都在成都的美酒里被稀释了。相比心怀天下的杜甫，陆游似乎要洒脱一些，当他"细雨骑驴入剑门"，来到成都后，竟爱上这座诗酒温柔的城市。十二桥旁，锦江河畔，那些不知名的酒楼也曾经让他流连忘返："闲愁如飞雪，入酒即消融。好花如故人，一笑杯自空。"陆游的这首《对酒》，还和今天成都一个有名的酒厂发生了关联。

金泉酒的传奇故事，足以说明"蜀地自古多佳酿"的酒文化。传说金泉酒是宋代金泉场王姓人家的小作坊酿的酒。王家有兄弟俩，哥哥王大为人勤劳憨厚，依靠二亩薄田奉养年迈的老母，也靠常年挑水换些钱来接济十分好酒的弟弟王二。但这王二酒瘾实在太大，即便有兄长资助，也常常因为在外赊酒与店家发生争吵，有时甚至会有债主登门索债，弄得王大很是苦恼，恨不得将整条金水河变成一个酒缸，让弟弟喝个够。无奈之下，王大只能每日多挑些水，贴补家用。王大所贩之水，就取自离家半里的古金水河。但有一年夏天，成都一连下了七八天的暴雨，金水河都变成了"黄河"，这水自然也就卖不出去，这可急坏了王大。话说"日有所思，夜有所梦"，在睡梦中，王大竟恍惚间看见了一位白发老翁和他摆龙门阵："王大，你不是希望能自制美酒吗？其实，你家后院那口古井，就是古时金牛下凡所饮的金泉，是酿酒最好的神水。我这有酒方，还有这两颗酒曲，你按方以五谷配以金泉水，一定能制作出美酒。"王大一下从梦中惊醒，发现手上还真攥着两颗酒曲和一页制酒方子，也就不由得信了。于是他立即找到王二合计，花时间建起一座私家酿酒的小作坊。接着，两兄弟又按梦中老翁所说的工艺流程进行酿酒，果然酒香扑鼻，经久不绝，整个金泉场都笼罩在一片酒香之中。兄弟俩为感恩老翁的指点，便将酒以便宜价卖给村民，与民同乐。从此以后，王氏兄弟也开启了酿酒销售的新事业。由于王氏土坊酒既经济便宜又味美纯正，名气慢慢就从金泉场传遍成都。王氏兄弟在此基础上招人添灶，扩大酿酒作坊，并正式将酒取了一个名字叫"金泉酒"。

现在，扬名一时的"金泉酒"已经失传，但是关于酒的故事却并没有结束。尽管金泉酒的故事有着浓厚的神话色彩，但是笔者愿意相信，这里的金泉酒真的让人醉过、快乐过。毕竟金泉场所在的位置，正处在成都平原的上风上水之处，这里有肥沃的土壤，肥沃的土壤又培育出了丰富的粮食，加上古金水河优良的水质，定能酿出芬芳的金泉酒。金泉酒的诞生，可以说是天时、地利、人和的产物。

独领风骚数"全兴"

说起"金泉场"，单在成都城里就有两个，一个是城东的金泉街，在九眼桥附近；还有一个金泉街场，在城西金牛区，但是很多人都不知道。前文讲了，金泉场就是成都城西的土桥镇，这里在宋朝时出产一种清洌可口的金泉美酒，直至一千年后的1992年，成都全兴酒厂也在金泉场，就是土桥镇奠基建厂。

说到全兴酒，中国人耳熟能详，川酒"六大金花""中国八大名酒"之一，也曾是很多人的时光回忆，一句"品全兴，万事兴"的广告语响彻中国。尤其是那支以"全兴"冠名的足球队，当年不知点燃了多少人的热血青春。黄色旋风席卷神州，魏群、马明宇、姚夏等球星成了那个时代最闪亮的四川符号，"雄起"之声喊响了四川精神。不过，全兴酒的历史可能不是每个人都了解的。全兴的故事要从乾隆五十一年（1786）说起，那年，善于酿酒的王家在成都东门的水井街建号，因其旁边有一座全身大佛，于是就倒用"全身佛"三个字的谐音，取名"福升全"。福升全出了一款酒叫"薛涛酒"，很受人追捧。一时间，门庭若市，前来买酒的人络绎不绝。后来福升全发现这地方太小，街坊狭窄，已经满足不了市场的需求，便又在暑袜街建起了新号。为求吉祥，他们把老号的"福升全"的尾字作新号的首字，更名"全兴成"。全兴成建号后，着重提高酒的质量，对原来的薛涛酒进行改造加工，推出了新产品——全兴酒。全兴酒一经推出，销量居然远远超过之前的薛涛酒。酒的名气大了，关于酒的奇闻趣事也就多了起来。

那时候成都没有啤酒、葡萄酒，也没有威士忌、白兰地，文人名流聚会之时都把全兴的酒作为助兴最好的酒。兴致浓厚的时候，少不了写诗，以学问文章著称的成都"五老七贤"之一的刘豫波，还为全兴酒题过诗："盏底清浮别有香，秋光酿出浅深黄。室中有酒无人送，带月归来笑举觞。"四川扬琴演唱艺术家李德才每次登献艺必饮一杯全兴酒，表演状态相当好，数十年如一日。不仅文人雅士喜爱全兴酒，普通百姓也非常喜欢。其时北

全兴成
▼

京新人结婚，如果宴席上有成都大曲，那是相当长脸的事情，那个档次不亚于今天的茅台、五粮液。

全兴大曲在20世纪60年和80年代，先后戴上"中国名酒"和"国家质量金奖"的桂冠，还多次走出国门，在国际名酒中占有一席之地。全兴大曲既有口碑，又有奖杯，其成功的秘诀就在它的窖池。在四川，窖泥中所富含的微生物和各种生香微生物是酿酒最核心的因素，它的品质直接决定了酒的品质，酒的口感和香气都和它有关，这些微生物是经过数百年的不断衍生、进化、纯化而形成的菌种群体，所以全兴酒有一个"窖香浓郁"的美誉，这也是为什么很多酒厂"惜土如金，视窖如命"的原因。酒窖池的修筑非常有讲究，所选的泥土来自成都北郊金牛区的凤凰山。凤凰山的泥土，黄得发亮，黏得腻人，保水持久，而且还有一个最大的特点：它是微酸性土壤。据全兴酒酿酒专家介绍，酒窖中的土壤碱性会减少酒的产量，全兴酒是酯、酸、醇、醛、酚五个成分酿造出来的酒，以酸为重。这种微酸性土壤促成了全兴酒窖香浓郁、雅倩隽永。

金泉又添酒一杯

从福升全到全兴成，全兴在成都"独领风骚数百年"，到了20世纪90年代，却遇到新的挑战。让人烦恼的不是酒卖不动，而是酒太好卖。全兴酒物美价廉，供不应求是长期以来的突出问题，当时四千吨的生产规模已经远远不能满足市场需求。为了提升产量，全兴酒厂需要扩建，几经遴选，最终，决策者们决定在土桥镇建设新的全兴酒厂。全兴新厂房外观设计很有文化感，整个建筑设计的灵感，是取自陆游的诗意——他在成都写的一首诗

《对酒》中就有"好花如故人,一笑杯中空"一句。这座大楼最终拿回了设计大奖,当时有一个大胆的设计理念:"二十年不落后,十年不挨骂。"直到今天,快三十年了也没听人骂过。

成都的酒是快乐的酒,也是豁达的、有传承的酒。曾家包汉墓的酿酒画像砖,真实地为我们还原了东汉时期成都酒业的繁荣;宋代一杯回味悠长的土桥老酒,不知香醉了多少人。这块土地在沉寂百年后,又闻全兴酒香。金泉场的酒,在时间的长河中,最终发酵成一首绵延不绝的诗篇!就如杜甫所说:"纵酒欲谋良夜醉,还家初散紫宸朝。"这样的赏心乐事,谁能不陶醉呢?

一路向西

如果有一条路,李冰走过,扬雄走过,李白、杜甫走过,苏轼、陆游走过,这条路是不是一条很让人骄傲的路?在成都,就有这样一条路——从成都到都江堰的路,历代多位名人曾经在这条路上留下过他们的人生足迹，这是一条真正意义上的星光大道。不过李冰恐怕是最辛苦的，他走的时候估计还没有路；苏轼、陆游稍微要好点，可以骑驴坐轿。不过现在，从成都出发去都江堰非常方便，走成灌高速、成灌快铁不到一个小时就可以到达。当然，到底快好还是慢好，各人感受不一定相同，有人可能想慢慢走，慢慢欣赏，如果这样想，一百年前修建的成灌公路，就是可以边走边看的一条路。这是成都市的第一条公路，也是四川省的第一条公路，历史地位相当重要。不过这条具有命脉意义的公路，它在成都的起点会是在哪儿呢？

"打屁车"与成灌马路

灌县这个名字在中国已经存在了六七百年，1988年灌县改名都江堰市。城市名字改了，但是路的名字还得用灌县的，因为成都到都江堰没法简称"成都路"。灌县一直以来都是川西北重要的物资集散地和交通要塞，是连接成都和藏区的重要通道，来往的商旅人士特别多。一百年前人们的出行方式大概有这几种：徒步、坐鸡公车、坐轿、骑马、乘马车。英国摄影家伊莎贝拉·伯德女士来灌县考察时就是坐轿子，估计这轿子比苏轼的要舒适一些。

20世纪初，西方工业文明影响了中国，中国大地上开始有汽车出现，有车就得有路。1913年，时任四川省都督兼民政长的胡景伊发起修建成灌马路的倡议，成灌马路开始修建。这条马路从成都到灌县，路线起点是成都老西门（今西门车站），线长大概五十四公里。

谁也没想到这路一修就修了十二年，从一开始就不顺，几度"烂尾"，过程相当曲折。在进行路线测量时，就遭到当地土匪（哥老会）、地主的阻挠，主要矛盾冲突点是占用农田、拆迁赔偿的问题。好不容易协商好了，经费又跟不上，所以过了好几年时间，才从灌县一端修了一公里长的马路作为示范路，整个工程就此中断。1922年，也就是成灌马路动工九年后，四川省道局成立，全省近代第一部与交通有关的法律——《四川省道条例》随之出台，成灌马路的修建再次被提上日程。条例规定要建设以成都为中心的六条省道干线，这其中就有一条通往灌县。随后，川军第三军军长刘成勋开始筹建成灌马路，但还是因为缺钱，修路的事再次搁置。第二年，这位刘军长升职当了省长，上任第一件事就是修路。不是缺钱吗？他绞尽脑汁想出一个办法——"众筹"，海外华侨有钱，就请华侨来投资。于是，刘省长就写信给孙中山先生，希望获得他的支持。在这封信中，刘省长言辞恳切，他说："成勋以为今日之计，非尽地利，无以图富强，非利交通，无以宏实业……俾马路观成有望，实业之发展有期，则为全川人民之幸也。"可惜那时候时局混乱，众筹没成功。到了杨森督理四川军务的时候，这事才算有了眉目。当年杨森在主政期间修建了一条真正的成都第一路"春熙路"，那是成都城里的第一条马路，也是至今人气旺盛的商业第一街。杨森当年修路动静大，修建成灌路不遗余力，拨款赞助、招募商股、多方集资，能想的办法都想了，至少当年成都这一端终于开工。1925年冬，成灌马路在历经十二年断断续续的修建后，全线完工。从此，四川有了历史上第一条可以通汽车的公路——成灌马路。

那时还没有公路的概念，中国人说通车的大路都叫马路，顾名思义是给车马行走的路，这和李白、杜甫走的羊肠小道或者田坎路完全是两个概念。当年之所以把第一条马路的规划放在成都到灌县一线，是因为这条路非常重要，无论是经济社会还是军事政治，都是战略考量，所以当年成灌马路的通车典礼相当隆重，专门来看稀奇看热闹的老百姓比赶庙会还积极，现场是"锣鼓喧天，鞭炮齐鸣"，尤其是还有几辆美制福特汽车在老西门亮相！成都市民简直大开眼界，"铁马儿""打屁车"成了当时的"热搜"，成灌马路由此拉开了四川客运长途交通的序幕。

西门"车码头"的八十年

在成都西门一环路靠近乡农市街的一个地方，有个"西门车站"，过去凡是去郫县、都江堰、阿坝州方向的长途汽车都从这里发车。然而大概一百年前，这里却被叫作"车码头"，不过这里的"车"当初都不是汽车，除了专跑长途的黄包车之外，主要都是川西农村最常见的交通工具——鸡公车。20世纪初，成都有了"三合土"铺筑的街面后，政府明令禁止鸡公车进城，因为鸡公车容易轧坏路面。但是一纸禁令没有难倒聪明的成都人，有人想出一个挣钱生意——专门租赁轮胎。这个生意是为进城的鸡公车调换轮子，将原来的铁箍木轮换成不伤路面的胶皮木轮，出城后再换回来，这些人从中收取一定的服务费。由于每天在此等候换轮子的鸡公车很多，慢慢地成都人便将这里叫作车码头。久而久之，这个车码头就变成了后来的西门车站，跟成都的长途客运发生了关系，成了那个时代一个重要的交通枢纽站。

这个枢纽站，从20世纪20年代到90年代，都没歇过气。成都人把早期的公交车叫作"辫子车"。这些顶着"辫子"的无轨电车在那个年代曾经是成都公交的主力军，这种电力车还是真正的"环保绿色"交通工具。1996年，运行了三十五年的无轨电车从市民的视野里消失了，变成了五条公交线路的车辆，分别是 55

成都早期的无轨电车

无轨电车车票

路、56路、47路、64路、65路。其中的56路，是西门车站最热门的路线，要去郫县、都江堰方向的人就会坐着56路到这儿来换乘长途客运。那时，往来的车辆和乘客络绎不绝，不同口音的人们在这里短暂相遇，又很快分离。站外揽客的声音、叫卖小吃的声音、催促客人上车的声音，是21世纪之前西门车站的主旋律。但随着城市大规模的建设和道路改造，曾经车水马龙的西门车站也无法满足客运需求。2002年，西门车站整体搬迁、新建，成为更具规模、更高档次的茶店子客运站。西门车站，这个存在了八十多年的老车站，在圆满完成交通运输的任务后，悄然退出历史的舞台。

如今，原有的车站已经被高楼大厦所取代，但"西门车站"这个名字依然在提醒着人们，这里曾是通往川西的一个重要站点。一百年前，成灌马路通车后，西门车站是这条马路的起点；后来，四川省的第一条柏油马路——成灌公路建成，西门车站依然是这条公路的起点。如果你再仔细推算一下成都现存和已经搬迁的大大小小的汽车客运站，你就会发现有不少是位于金牛区，比如梁家巷客运站、火车北站客运站、五块石客运站，还有的取代西门车站的茶店子客运站。冥冥之中，你会不会想起金牛道，想起司马相如北上、杜甫南迁、陆游西行，都是在这里交汇，在这里擦肩？当我们梳理西门车站这条历史脉络时，会发现它不仅折射了成都文脉的延续和商贸的扩大，还见证了成都公共交通的时代变迁，更感受到成都城市翻天覆地的发展变化。

一条成灌线，一个车码头，一部成都交通史！

大道金丰

长桥题柱去，犹是未达时。

及乘驷马车，却从桥上归。

名共东流水，滔滔无尽期。

南阳诸葛庐，西蜀子云亭。

六经以来二表；托孤寄命，三代而下一人。

北伐数中原，溯汉中王业所基，惟公绩最；

西城留墓道，与昭烈庙堂相望，有此祠高。

君不见益州城西门，陌上石笋双高蹲。

金沙桥，金沙路，要淘黄金雍家渡。

钟灵毓秀

人气文脉里的金牛

司马相如与驷马桥

2020年6月，四川省第二批十大历史名人名单出炉，西汉著名辞赋家司马相如位列其中，足见他的知名度和美誉度很高。司马相如的历史地位和社会影响，不仅得益于他那些巨丽之美的辞赋被后世传唱，还因为他和卓文君那段浪漫情缘被后人所津津乐道，更在于他身上那种志存高远、追寻理想的精神，成为成都人乃至中国人的骄傲。

在成都，和司马相如有关的历史遗存不仅是琴台路，还有一座很著名的桥，因为司马相如的缘故而被赋予一个特别励志的名字——驷马桥。这座古桥铭记了一个蜀中才子建功立业、施展抱负的坎坷历程，也昭示着他开发西南夷的政绩和功劳。这样一个有故事的人，让这座通向帝都长安、通向理想彼岸的桥，成为两千多年来人们借以缅怀与追寻的一个精神坐标。而驷马桥的意义还不仅如此，作为城北金牛区的核心点，它还担负了成都西部商贸、人居、交通枢纽的重要使命，在历史的天幕中闪耀着经济有关文化的绚丽光彩。

遨游四海求其凰

成都曾有"长似江南好风景，画船来去碧波中"（花蕊夫人《宫词》）的水乡风貌。当年马可·波罗来到成都时，不由得赞叹："有一大川，经此大城（成都）……此川之宽，不类河流，

▲ 驷马桥地铁站

▲ 驷马桥（局部）

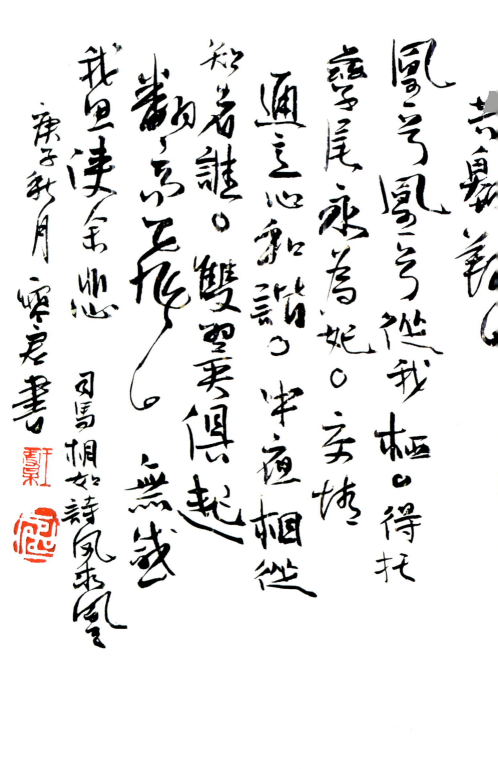

凤兮凤兮从我栖，得托孳尾永为妃。交情通意心和谐，中夜相从知者谁。双翼俱起翻高飞，无感我思使余悲

庚子新月 寒君书

司马相如诗凤求凰

凤兮凤兮归故乡。遨游四海求其凰。时未遇兮无所将。何悟今兮升斯堂。有艳淑女在闺房。室迩人遐毒我肠。何缘交颈为鸳鸯，胡颉颃兮共翱翔。

▲ 司马相如《凤求凰》 王雪梅作品

驷马桥

竟似一海。"因为生活中交通出行的需要,成都修建的大大小小的桥梁也非常多。据清末的《成都通览》记载,当时成都城区有名可考的桥梁共有一百九十二座。这也难怪有人曾开玩笑地说,成都人走过的桥,比你走过的路还多!

桥,不仅沟通了人际和空间,也见证着城市的生活、故事和历史。在成都北门,金牛区驷马桥就大有来头。驷马桥最初的时候因桥下流淌的"升仙水"而取名"升仙桥"。后来改名为"驷马桥",这与司马相如的一段励志故事紧密相关。

当年司马相如家境贫寒,是个籍籍无名的文学青年。不过,但凡文学青年都是有理想、有抱负的,他怀揣着一家人的希望和积蓄,跑到首都长安捐了个官。但时运不济,偏偏汉景帝不好辞赋,这使得司马相如很是郁闷,于是跳槽,到梁王刘武门下,靠写些文章糊口,终于凭一篇《子虚赋》在文坛崭露头角。梁王一高兴,就赐赠他一张绿绮宝琴。就在司马相如以为从此可以平步青云、走上人生巅峰时,他的伯乐——梁王死了。没办法,他只好落魄地回到成都。然而就在这个倒霉的低谷时期,他有幸在"冶铁大亨"卓王孙的府邸遇见了真爱。一张绿绮琴,一首《凤求凰》,一下子就俘虏了"白富美"卓文君的芳心。

> 凤兮凤兮归故乡,遨游四海求其凰。
> 何缘交颈为鸳鸯,胡颉颃兮共翱翔!

我们只能说,司马相如不仅文采出众,还特别会"撩"。两个小年轻私奔后,日子过得并不好。"文君当垆,相如涤器",眼看日子就要过不下去了,司马相如的事业运又回来了。当好辞赋的汉武帝读到《子虚赋》时,不禁啧啧称奇,心想到底是怎样

▶

的奇才才能写出这样的文章呢？这就有了司马相如第二次长安行。在汉代，成都已经有了"车官城"的美誉，当时的一车套四马称为驷马，是地位显赫的象征，那不是一般人能享受的高级待遇。司马相如北上路过这座桥时，就立下誓言："不乘赤车驷马，不过汝下也！"天遂人愿，司马相如到长安后，以一篇《上林赋》名动京师，汉武帝心潮澎湃，十分赏识他的才华，马上就委以重任，派他返回成都，出使西南夷。于是，司马相如就风风光光地乘着驷马高车衣锦还乡，完成了一个完美的逆袭，也实现了自己的诺言。后世，唐代著名诗人岑参曾为此写下《升仙桥》一诗：

> 长桥题柱去，犹是未达时。
> 及乘驷马车，却从桥上归。
> 名共东流水，滔滔无尽期。

到宋朝时，时人依凭这个故事，就将升仙桥改名为驷马桥，一直沿用至今。

刀光剑影马蹄疾

因为有了司马相如与卓文君那段爱情佳话的"附体"，驷马桥应该说是成都所有桥中最具浪漫色彩的一座。但是这座桥不仅有着励志的传奇，还有着刀光剑影的热血。因为，它是成都北大门川陕路上的交通要冲，所以一直是兵家重守、战略必争之地。

唐代晚期，南诏（在今云南一带）军队进攻成都，首先攻打的就是北门外的升仙桥。而唐军也在这里布下重兵，因为一旦失守，成都就会门户洞开。两次击退南诏军队后，升仙桥作为成都北门的一道屏障，更凸显了它极为重要的军事地位。之后，在成都的历次攻守战役中，它都是兵家必争之地。宋、元、明、清各代，包括张献忠的大西军等都在驷马桥一带进行过惨烈的军事对决。

1949年12月27日，这座桥上还发生了一件具有重大历史意义的事件。当时，贺龙、周士第、李井泉率大军从北门驷马桥，经北门大桥、玉带桥一路入城，受到成都市民的热烈欢迎。从解放军跨过驷马桥的那一刻起，成都就进入了一个崭新的时代。

1950年，因为修建成渝铁路，填平了河道，拆了老驷马桥，新修了一座驷马桥。直到成都地铁3号线和7号线相继开通运行，地铁驷马桥站又给古老的驷马桥增添了新的"过桥"方式，驷马桥彻底"上天入地"立体化了。

驷马桥作为成都的交通枢纽，北门桥头堡的重要地位从未被撼动。这里自古以来，就是川人出川入仕、经商货运的必经之路。四通八达的物流交通，为商业经济的繁荣提供了有力的保障。20世纪80年代末，驷马桥片区因处于铁路线、川陕公路的交会处，诞生了成都早期的水果自由市场。这里最后还逐渐发展成

驷马桥 岛崎役治摄

一个水果批发市场群，经营面积一度达到两百多亩。如今的驷马桥，已经汇集了蓉都大道商业物流、家居产业百亿商圈、休闲娱乐等各种业态，成为成都城北的核心区域。

"你站在桥上看风景，看风景的人在桥上看你。"驷马桥的沧桑变化里，定格了成都两千多年来走过的时光印迹。它既是成都通向更广阔世界的起点和标志，也代表着蜀人闯荡天下的雄心与抱负。当年司马相如在这里立下的誓言，大概也是蜀中英豪们踏上驷马桥时的共同理想。千百年来，不知有多少人站在驷马桥上，带着笃定的信念谋划着美好的未来，并最终得偿所愿、衣锦还乡啊！

扬雄与子云路

张爱玲曾经说过一句话，很有名："出名要趁早呀！来得太晚的话，快乐也不那么痛快。"两千多年前，孔子也留下一句至理名言："三十而立。"在每一个时代，每一个领域，都会有一些少年得志的人，也会有一些历经岁月洗练后，才崭露头角的人。三十岁前就干大事的人不少，比如秦王嬴政，三十岁前就基本打下了半壁江山。三国时期的刘备二十五岁就走上创业之路。而说到大器晚成的，那就更多了。最为著名的就是姜子牙，直到八十岁才用一个没有钩的鱼竿"钓"起了周文王这条"大鱼"。

其实，不管成功来得早，还是来得晚，跟一个生命最终能够抵达怎样的人生高度，并没有直接的关系。让我们认识一位大器晚成的才子，他就是和金牛区有过历史渊源，四川省首批十大历史名人之一的扬雄。说扬雄跟金牛区结下过缘分，是因为他的子云亭曾经就在茶店子附近。子云亭一直保留到20世纪60年代，后来因基建的原因而拆除。但是子云亭附近的"子云路"，却一直保持到了现在。我们就从这条路出发，向前走两千年，去看一看一代巨儒扬雄的一生。

扬雄雕像

汉赋大家平生志

作为汉赋大家，扬雄的名气没有司马相如那么大，在很多人印象当中，他既没有广为流传的事迹，也没有什么耳熟能详的作品，当然更没有绯闻。要说他最出名的，可能就是他的住所了。"南阳诸葛庐，西蜀子云亭"，这个子云亭就是他的家。

但扬雄作为子云亭的主人，与文中躬耕南阳的诸葛亮相比，就显得太过低调，以至于他身上的光彩几乎被人们所忽视。

扬雄出身比较低微，班固的《汉书·扬雄传》里说他"家

产不过十金", 但扬雄并没有因为家境不好就目光短浅, 急功近利, 而是"不汲汲于富贵, 不戚戚于贫贱"。他安心读书, 指望能通过自己的优异成绩, 走上仕途, 改变命运。为了激励自己, 他还将司马相如作为自己的精神支柱与学习楷模, 希望自己有一天能像他一样, 成为一个受人崇拜的辞赋家。

有了这个奋斗方向, 扬雄简直像学霸附体, 一边种地一边读书, 农闲的时候就从郫都到成都求学, 跟随林闾翁孺、严君平等蜀郡名师学习。在成都时, 扬雄住的地方就是子云亭。扬雄本来就天资聪颖, 再加上勤奋努力, 文章自然写得也不差。当他欣赏自己的呕心力作——《蜀都赋》的时候, 心想这篇文章一定能助他走上仕途, 至少可以"圈粉"多多、涨涨人气, 他便有些志得意满。

蜀都之地, 古曰梁州。

禹治其江, 渟皋弥望, 郁乎青葱, 沃野千里。

光看这个开篇，精确又文艺，就能看出扬雄的文笔功力。可是十年磨一剑的《蜀都赋》，"点击量"远远低于他的预期。而这个时候，他已经年届四十，个人事业和前途却依然渺茫，出路在哪里呢？在无数个辗转反侧的夜里，扬雄不断地叩问自己。在这场"中年危机"中，他决定最后一搏——去长安，当"京漂"！他要向他的偶像司马相如学习，踏上他的前辈走过的驷马桥，从金牛道去往前途未卜的长安。

扬雄刚到长安的时候，也是混迹各种文化圈，主要目的一是结交新朋友，建立人脉；二是秀一下自己的文章。是金子就会发光，很快扬雄就受到当时大司马车骑将军王音的欣赏，成了王大司马的专职秘书。汉代除了皇帝，最显赫的就是大司马、大司空、大司徒这三个官职，所以扬雄算是步上轨道了。后来，在其他人的推荐下，汉成帝也得知有这么一个人才，一看他写的文章，喜欢得不得了。就这样，扬雄又当上汉成帝的文学侍从，开始专职给皇帝写赋。《甘泉赋》《河东赋》《羽猎赋》，三篇"爆文"一出，扬雄声名大噪，正儿八经地跻身于主流文化圈。

顿开名缰与利锁

刚刚当上黄门郎的扬雄却给汉成帝上了封奏折，自请罚俸三年，到石室观书。这奋斗半生才谋得的功与名，扬雄为什么说放就放，放着好好的公务员不做，他的心里盘算的到底是什么呢？

扬雄之所以在春风得意之际，选择埋首石室，潜心著述，笔者认为其原因有两大方面：第一，他人的闲言碎语。在旁人眼里，扬雄写赋写得再好，也不过就是给皇帝歌功颂德，拍马屁罢了。事情其实并非如此，在扬雄这几篇著名的大赋里，有很多婉转给皇帝提意见的陈述，但皇上却是一个字儿听不进去。久而久之，扬雄也觉得心累。第二，更为重要的是，思想的转变。到后期，扬雄自己也对辞赋产生了怀疑，觉得辞赋是"雕虫小技"，已经不想把自己的生命时光浪费于此。于是，他就一股脑钻进哲学和思想的世界，想实现自己在学术上的雄心。这种转型，也让他从一个辞赋家开始向一个哲学家、思想家转变。他当时每天就在天禄阁，也就是中国最早的皇家图书馆里研究学问，最后写出了两本极具含金量的书——《法言》和《太玄》。

扬雄仿《论语》作《法言》、仿《易经》作《太玄》，实际上是对儒家思想的传承和创新。这两本书的研究成果，可以说是扬雄后半生的心血之作，也正是这两本著作，奠定了扬雄在后世被尊为"西道孔子"的崇高地位。由于扬雄长期挂职学习，以至于俸禄微薄，晚年生活常常捉襟见肘。据《汉书》记载，扬雄爱喝酒，但是因为生活拮据喝不上，于是就有不少人带着美酒和菜肴来向他请教学问，这就是成语"载酒问字"的由来。

然而，即便如此自甘贫穷，主动远离官场，甚至是明哲保身，扬雄最终还是没能逃离政治的旋涡。公元11年，六十四岁的扬雄做梦也没想到，自己会被牵连到一桩政治案件中。当官差来抓他时，他一时情急便从楼上跳了下来，差点把自己给摔死。虽然后来排除了嫌疑，还被封了个士大夫，但是他心心念的却是那本未完成的语言学著作《方言》。于是，扬雄在伤病中，继续向来自全国各地的人们请教他们的方言，最终完成了这本具有重大影响力的语言学著作。这本书收录了今天东到山东，西到甘肃，北到东北，南到四川乃至江浙一带的方言共计一千余字！扬雄六十多岁的年龄，在如此诡谲的政治环境中，能有这样的著作问世，确实让人钦佩。

叶落归根，这位从金牛道走出去的一代巨儒，在他离开成都三十年后，带着自己的雄心，沿着金牛道回到了他的故乡。在写完《方言》的第二年，扬雄就与世长辞。

纵观扬雄一生，他的身上有西汉文学家、语言学家、哲学家、思想家等"百科全书"一般的称谓。在笔者看来，他是一个真正热爱学问愿意付出时间与精力去较真的研究型学者。"操千曲而后晓声，观千剑而后识器。"他有天赋，但更有吃苦的精神；他不人云亦云，他有自己的坚持与信仰；他不畏权贵，有敢于挑战权威的勇气与自信。扬雄和他的铮铮铁骨，已经深深嵌入两千多年的蜀地文脉传承之中，也在中国传统士人的精神世界留下浓墨重彩的一笔。

诸葛亮与九里堤

在中国历史上，很少有人能像诸葛亮那样让人们长久不衰地怀念。人们钦佩他用兵如神的智慧，敬仰他忠肝义胆的拳拳之心。凡是诸葛亮留下足迹的地方，基本上都会有祭祀他的庙宇。在成都，除了武侯祠，地名、街名与诸葛亮有关的还有很多，金牛区就有不少与他有关的遗迹，其中一处叫作"诸葛庙"。这座庙如今就位于成都西门的九里堤遗址公园，公园里的古九里堤堤坝也被称为"诸葛堤"。

九里长虹贯古今

九里堤，光听名字，你大概能猜到这里得名是因为堤坝长九里。其实，九里堤，最早的名字叫糜枣堰，传说是蜀国丞相诸葛亮主持修建的蜀国防水工程。在九里堤遗址公园，你依然可以看到诸葛庙和糜枣亭。之所以讲是传说，是因为九里堤的修建不一定真的跟诸葛亮有关系，这事一直没有定论，只是民间都认为九里堤是诸葛亮所建，这其中很大一个原因可能是人们实在是太喜欢、太崇拜诸葛亮了，从而形成"蜀人每事好归诸葛亮"的风俗民情。

人们之所以将诸葛亮与九里堤这样的水利工程联系在一起，

▶
诸葛庙

不是毫无道理的。对成都人来说，诸葛亮是一位自带"主角光环"的智者，是神一样的存在。所以许多与诸葛亮无关的遗迹，也被老百姓们以"沾亲带故"的名义给命了名。成都人把九里堤称为"诸葛堤"也从一个侧面表明了诸葛亮治蜀功德无量、深入人心。君不见，诸葛庙的门口楹联就这样写道："沥胆披肝，六经以来二表；托孤寄命，三代而下一人。"

众所周知，成都的整体地势是西北高、东南低，大小河流从西北流向东南，形成一个冲积平原。因为是平原，所以常常受水患的困扰。如何有效控制像野马脱缰的洪水，对于当时的人们来说，一直都是棘手问题，从大禹治水到开明王鳖灵拓峡，他们都为川西坝子的水利设施建设做出过贡献。李冰在总结前人治水经验的基础上，以可持续发展的治水智慧，修建了闻名世界的水利工程——都江堰，"穿二江成都之中"，这种"二江并流"的格局，使得成都很长一段时间免除了水患灾害。但是，这样的水道格局还是存在一定的问题，如果河水上涨或泛滥，依然会威胁城市的安危。这样二江并流的格局，直到晚唐时期，一个军事专家的出现，才发生了彻底改变。

对于成都来说，公元875年是一个幸运的年份。这一年，高骈被任命为剑南西川节度使，驻防成都。高骈到成都后，深为成都城防忧虑：城市狭小，有城无壕，不利于防御外敌。遇有敌袭，城外的老百姓又都挤进城区，井水不足，老百姓面临渴死的危险。于是，他很快做出一个重大决定：扩城开河！一来可以构筑拒敌数十里的防护工程体系，二来可以一劳永逸地解决水患问题。综合考虑这两个问题，高骈决定在城北，也就是现在金牛区所处的位置修一条防洪大堤，这个防洪导流堤就是糜枣堰。糜枣堰也就成了成都西北最重要的水利设施和抵御外敌入侵的防护体系。

縻枣堰变"诸葛堤"

治蜀必先治水。凡是入蜀为官者，每个年度都要把整修水利和整治城市水系作为重中之重的工作来抓。经历了前后蜀战争的摧毁，成都城市水利设施都遭到不同程度的损坏。到了两宋时期，作为"二江抱城"重要节点的縻枣堰，因为年久失修，已经基本丧失了防洪、导流功能，水灌西门、城区被淹这种事常有发生。好在没过多久，成都又来了一位叫作刘熙古的政治家。这位成都知府想群众之所想，急群众之所急，一到成都就把重修縻枣堰这件事提上日程。他将原来的縻枣堰进行加宽、加厚、加长三重升级，基本解决了北宋时期成都的水患问题。后人为纪念他，修建了刘公祠。只不过时间久了，刘公祠也被人渐渐淡忘。慢慢地，人们出于对诸葛亮的敬仰和怀念，便把刘公祠改成诸葛庙，縻枣堰也就变成了"诸葛堤"。到了明朝，縻枣堰的功能开始逐

冷冰摄

步退化，长堤也仅剩九里，縻枣堰的名字就变成了现在的九里堤。民国以后，由于河道、水量发生变化，九里堤完全失去了防洪功能。20世纪80年代，九里堤就仅存有三十多米长的土埂了，号称"九里长虹"的堤坝从此真正退出历史舞台。如今，在这座遗址公园里，我们依稀还能见到一段残存的古九里堤遗迹。

尽管从史料上看，九里堤与诸葛亮似乎并无直接关系，但是我们可以看到诸葛亮之于九里堤是蜀人的"乡愁"。诸葛亮不仅是我国历史上杰出的政治家、军事家，而且是位实干家。他在担任蜀国军政要职期间，深知农业生产对国家和人民的重要性，因而大力提倡"务农殖谷，闭关息民"，把发展农业、种粮植桑、养蚕织锦、兴修水利放在很重要的地位。郦道元在《水经注》中曾说他率兵北征的时候还派一千多名士兵守护都江堰水利工程，专门设置管理北堰的官员，定期疏淘维修，把都江堰看成是发展蜀国农业的根本，是"国之所资"。他还主张"唯劝农业，无夺其时"。将縻枣堰的功劳归属诸葛亮，或许是人们对这位历史文化中忠诚和智慧的代表人物的一种极大肯定。

不管学术界争议如何，有一件事值得我们肯定：现存的九里堤为研究成都地区水利建筑发展史提供了重要的依据，具有很重要的历史价值。从李冰治水到两江环抱，从縻枣堰到九里堤，历史跨过了两千年。这个古老的堰堤在成都治水兴城的历史上发挥过重要作用，也留下了珍贵的历史文化遗产。

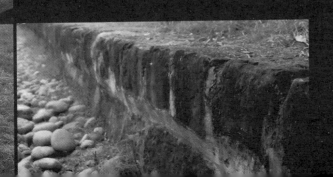

九里堤残存遗址

诸葛亮与营门口

在成都流行一句话，"管你哪里人，来了就是成都人"。成都一直以来就是一个包容的城市，上下三千年，无论是帝王、将相、百官，还是文士、走卒、商贾、流民，都能在成都找到适合自己的生存空间。2019年成都地铁做了一件很有趣的事情，开通三列以"蓉漂"人才为主题的地铁专列，这在全国可算是首创。史上著名"蓉漂"李冰、刘备、诸葛亮纷纷上榜，与来自全国的新时代"蓉漂"一起穿行在这个城市。上榜的这三位"蓉漂"，要数诸葛亮最受成都粉丝追捧，说他是全民偶像一点儿也不夸张，就是放在今天，也是一个无敌人设！那么，值得金牛人骄傲的是，这样一位全民偶像还曾在金牛区留下过一段故事。今天，我们就搭上这趟蓉漂列车，驶向两千年前的营门口，看看三国第一军师是如何在后方运筹帷幄的。

卧龙出山

民间有句打趣的话："三个臭皮匠，顶个诸葛亮。"意思是群策群力，就能跟诸葛亮相提并论。所以不用说，诸葛亮的IQ是相当高的。这样一个天才，在他出山以前一直是以一介布衣的身份"躬耕于南阳"。其实说起来，诸葛亮也是从大户人家走出来的，祖上是农民起义领袖陈胜、吴广手下的一名大将——葛婴。

在隆中，诸葛亮一直蛰伏了十二年。在这期间，他主要做了三件事：一是亲近自然，至于要不要亲自下地干农活不好说，但肯定是深入基层；二是热爱朗诵，陈寿《三国志·蜀书·诸葛亮传》就说诸葛亮"好为《梁父吟》"，经常通过朗诵《梁父吟》，抒发对春秋名相晏婴的景仰之情；三是四处游学，扩展眼界，建立人脉。他结交荆州襄阳地区的名门之后，娶了"沔南名士"黄承彦之女，就此与荆州牧刘表攀上了亲戚。就这样，诸葛亮顺利进入荆襄官宦、士人阶层的朋友圈。

这样一个自比管仲、乐毅的人才，不可能甘愿在这穷乡僻壤里埋没自己的才华。他现在所做的一切，都是在等待一个合适的机会。公元207年，诸葛亮终于等到了他盼望人才——打算创业的刘备。在这次面谈中，他为刘备做出了一个牛掰的战略设计：先取荆州立足，再取益州成鼎足之势，然后与孙吴结成战略联盟，最后图取中原。刘备听罢，觉得这卧龙先生果然厉害，于是恳请诸葛亮出山助他一臂之力。在刘备"三顾茅庐"的诚意之下，诸葛亮终于告别隐居多年的隆中，正式开始辅助刘备逐鹿天下的征程。

这真是明主遇到良相。诸葛提议，刘备拍板；诸葛策划，刘备实施；诸葛后勤，刘备一线。两个人打配合，可以说是非常默契，用刘备的话来说，就是"如鱼得水"。刘备集团也因为诸葛亮的加入，有如神助，从濒临破产的绝境里找到一线生机，重回硝烟四起的战场。经过赤壁之战后，刘备收复荆州各地，而后占领西蜀、攻下汉中，最终在成都建立蜀汉政权。金牛一带就因为其重要的战略位置，被诸葛亮极为看重，他在这里做了很多的重要战略部署。蜀汉路的得名，也正是来源于此。

屯兵耕战

诸葛亮帮助刘备在成都站稳脚跟后，就被封为一国之相。要想把蜀汉打造成可以三足鼎立的一支重要力量，诸葛亮要做的事情可真是太多。他采取很多措施，全力推动巴蜀地区经济、文化的发展繁荣。一方面唯才是举，四处招兵买马；另一方面通过各种举措恢复经济，稳定民心。在治水方面，他强调法治，在朝廷上厉行法治；在农业上，大量"务农殖谷"，恢复生产。

可刘备在建国当年，就匆忙做了一个在后世看来很不理智的决定——攻打东吴。这可急坏了诸葛亮，一顿劝解，可奈何不了钻牛角尖的刘备，他对关羽之死耿耿于怀，誓要为兄弟报仇。结果刘备这一去，几乎全军覆没，大败而回。再加上猛将旧臣接连去世，刘备竟在数月之后，一病不起，临终前赶紧把诸葛亮叫到身旁，万般叮咛，便有了"白帝城托孤"的史话。刘备这一走，诸葛亮的心情跌落万丈深渊。但蜀国刚刚建立不久，还有很多事情亟待办理，任务之重，时间之紧，已经不允许他继续悲痛。于是诸葛亮迅速调整好心情，重回工作岗位，他的目标是完成先帝遗志，北伐中原、匡扶汉室。

要北伐中原，就得兵马未动、粮草先行。诸葛亮深知北伐任重道远，应该积极筹措粮草。可是刘备死后，蜀国国力削弱，百姓维持温饱尚且不足，再向他们征粮确实太过困难。诸葛亮经过深思熟虑后，决定实施"屯兵耕战"，让军队自行筹备粮食。经过一番勘察，诸葛亮最后选择了成都西郊一处荒野，也就是现在的营门口附近，作为屯兵耕战之地。诸葛亮之所以如此选择，一是因为这里上风上水，是成都平原最好的精华灌区，有利于农业发展，可以提供丰富的物资保障；二是因为这里紧邻北上陆路最方便的金牛道，通过金牛道可以快速将粮草运达战区。于是，随着诸葛亮一声令下，大批军队在西郊屯集，开始垦荒耕作。经过多年的"耕战"，蜀国军队屯兵基地的规模越来越大，诸葛亮就在此设中军大营帐坐镇指挥，营门口就变成了他常去的一个办公地点。

在诸葛亮的科学领导下，蜀汉政权的发展计划取得阶段性成功。经过数年屯耕战，粮草丰盛，军饷充足，诸葛亮认为北伐的时机已经成熟，便率大军于公元228年第一次北伐。派赵云、魏延等将为先锋，西出祁山，直取陇西、天水，其势强锐，让南安三郡恐惧，三郡纷纷归降。其后的几次北伐，基本上也都是这个模式。正是因为在营门口一带日夜屯兵训练，让诸葛亮有了五次北伐的底气。北伐过程中，因蜀中往祁山大营运粮道路艰难，诸葛亮又调集能工巧匠，反复实验，最终发明了"木牛流马"来运输粮饷。可以肯定的是，这一天才的发明，与他在营门口屯兵耕战有着极为密切的关系。虽然最后诸葛亮因积劳成疾，在五丈原与世长辞，蜀汉失去复兴的中流砥柱，但他留给后世治国治军的智慧与胆略，直到现在依然让人钦佩不已。中国现代历史学家钱穆先生就对诸葛亮推崇备至，他曾在《国史新论》中这样评价诸葛亮："有一诸葛，已可使三国照耀后世，一如两汉。"可以说，这个评价非常有分量。

营门口屯兵耕战，显示了诸葛亮"理民之干"（管理人民的才干）的谋略，更是发展战时经济的好举措，使得成都西郊的这片千顷之地有了良好的经营。随着时间的推移，营门口成为早期成灌公路的一段，是通往"成都后花园"都江堰的要冲。为了城市的快速发展，1992年，营门口建起立交桥，立交桥的设计修建花费了不少心思，处处体现"门"的特点。远远看去，立交桥如同一个巨大的"门"字。而当你走在桥下，会发现，每一个桥墩，看起来都像篆书的"门"字。这些"门"的造型，既富有现代感，又包含着传统

20 世纪 90 年代的营门口立交桥 冷冰摄

升级后的营门口立交桥 冷冰摄

书法和雕刻工艺，让人感受到穿越时空"古今之门"的韵味。后来修建二环高架时，这座立交桥又由原来的两层"长高"到了四层，并被称为"新二环上最复杂的立交桥"。

看桥上车水马龙，不禁感叹，古时军营早已尘封在历史之中，但"营门口"这个地名却在提醒我们，这里曾经有着一位为蜀国鞠躬尽瘁的名相功臣，他将永远活在成都百姓的心目之中。

黄忠与黄忠村

有句戏言说"以前的人了解历史是看戏，现在的人了解历史是玩游戏"。在过去很长一段时间里，普通老百姓所获得的历史知识很大部分来源于戏曲文化。虽然戏曲文化的本质不在于还原历史，但是不可否认的是，戏曲确确实实也为我们展现出了历史的一个侧影。从大家耳熟能详的《赵氏孤儿》《空城计》《贵妃醉酒》这些经典剧目中，我们都可以了解一些历史的来龙去脉。1950年，中国第一部电影的拍摄对象，就是著名京剧——谭鑫培先生的《定军山》。这部戏讲的就是三国时期老将黄忠夺取定军山的故事：诸葛亮为增加黄忠取胜的信心，假意说黄忠年纪太大，打不过夏侯渊，准备换人出战。黄忠听了很是生气，称自己年龄虽大但力气不减当年，并立下军令状，发誓十日内攻下定军山。诸葛亮见激将法成功，便欣然同意黄忠出战。果然，老将黄忠在定军山施展拖刀计斩杀魏将夏侯渊，成为历史上一个非常有名的传奇故事。

在成都，与黄忠有关的地名还是不少，比如黄忠小区、黄忠公园、黄忠街道、黄忠村等。这里我们便来讲讲这位三国时期的名将和成都的故事。

老黄忠，冠三军

作为一座历史悠久、文化沉淀深厚的历史名城，成都在数千年历史中曾多次作为都城。但给人留下最深刻印象的，应该要算三国时期由刘备建立的蜀汉都城。尤其是脍炙人口的名著《三国演义》问世以来，这座城市留下了太深刻的三国烙印。说起黄忠，我们都知道，他是蜀汉的五虎上将，是三国时期的名将，在帮助刘备攻下益州（成都）时立下战功。虽然黄忠一生中只在战火纷飞时踏入过成都，但是他在成都人民心目中一直都是一个忠心效蜀、定国安邦的名将。除了武侯祠武臣廊有他的塑像，现今金牛区还有一个地方和他有关系：营门口的黄忠村。黄忠村的得名，是因为村里有个黄忠祠，黄忠祠旁还有一个黄忠墓。

黄忠年轻的时候，一直在荆州刘表手下做事，官居中郎将。后来曹操占领荆州，他被任命为裨将军，在长沙太守韩玄帐下听令，最后在刘备取荆州之时，归降刘备。黄忠在遇到刘备后，确实充分发挥了自己的实力。同样这个黄忠，同样这身本事，遇到知人善任的刘备后就跟以前大不一样。而且刘备用黄忠，一用就是大用，在向川蜀进军时，刘备授予他统领前部军队的重任。黄忠第一次接仗，就斩了敌将邓贤，救了魏延，建立头功。后来黄忠又随刘备率军进围成都，迫使刘璋投降。刘备进入成都后，论功行赏，任命黄忠为讨虏将军。

黄忠一生英勇善战，他人生中最辉煌的时刻，应该算是定军山一战，这一战也是他的成名之战。定军山位于现在的汉中。汉中之所以如此重要，就在于这个地方特殊的地理位置。汉中地势险要，进可攻，退可守，所以定军山自然而然成为汉中的重要战略要地。只要占据定军山，便可转守为攻，一举拿下阳平关（在今陕西

勉县），这样汉中地区就可以成为成都的大后方。诸葛亮也知道，要是再不能夺取定军山，持续下去将是对兵力的极大消耗，所以定军山必须拿下。诸葛亮在考虑良久后，无比信任地将夺取定军山的重任交给黄忠。黄忠也不辱使命，率部成功夺取要塞定军山。

定军山之战确保了汉中之战的胜利，汉中之战确保了刘备政权的安稳，而作为这次战役的英雄，黄忠能够突袭斩杀夏侯渊，说明黄忠军事嗅觉非常敏感、战场拼杀非常勇武。这一战也最终奠定了他将军的名位，使他跻身于"五虎上将"。可惜的是，就在勇夺定军山后的第二年，黄忠的生命也走到了尽头。

古柏森森慰忠魂

在成都西郊摸底河斗渠的中段，有一个村庄因为河岸有鸡矢树而被人叫作鸡矢树村。直到清道光初年，这个村子发生了一件震惊成都的大事。那是道光五年（1825），在湖北天门任职的翰林学士刘沅回乡省亲，一日路过鸡矢树村时，偶然在一块农田中发现一条玉带和一块石碑。刘沅根据石碑上的汉篆文字，依稀认出几个大字："黄公刚侯讳字汉升之墓"。这一看，可把刘沅激动坏了。"汉升"不就是黄忠吗？！随后，人骨架、剑、玉器等也相继出土。其实，关于黄忠死后葬在哪里这件事，一直没有定论，在不同朝代的文献中，都无法找到确切答案。但刘沅认为，尽管黄忠死在定军山，但依礼制，黄忠这样级别的大将一旦病逝，肯定会扶柩回朝安葬，或在原郡建立生祠衣冠冢，所以不排除黄忠先葬定军山，后迁葬于鸡矢树村这种情况。

刘沅也是古道热肠，心想这么一个英雄，当然应该风风光光地受后世拜祭与敬仰。于是，他召集当地士绅望族，出资捐款，主持修建了黄忠墓。墓修好后，又在墓周砌上青砖，建成陵园，还种植上百棵柏树。远远望去，鹊绕松柏，殿映朝阳，庄严古朴，典雅异常。可是仅仅一个墓地还不够表达人们对黄忠的钦佩与敬仰，这里的桥和河水都要以黄忠命名。于是摸底河斗渠改称黄忠河，斗渠通向黄忠墓的一座拱桥也变成了黄忠桥。刘沅实在是太崇拜这位蜀国英雄了，决定再为他心目中的偶像修建一座黄忠祠，给黄忠塑一个黄金铠甲、白须皓首的像。祠堂建好后，他还让他的儿子刘桂文为祠堂撰写了一副楹联：

北伐数中原，溯汉中王业所基，惟公绩最；
西城留墓道，与昭烈庙堂相望，有此祠高。

这副楹联肯定黄忠立下的赫赫战功，也表明黄忠对蜀汉的忠心。自黄忠祠、黄忠墓建成后，鸡矢树村也在成都开始有了名气，乡亲们都知道西郊有这么一处景观，每逢清明都要到此祭

▲

黄忠河

祀。此时，再用"鸡矢树村"这个名字就有点土气，于是"黄忠村"这个名字就渐渐地取代了原地名，住在此地的人们也因为有黄忠墓和黄忠祠而感到骄傲。据曾经居住于此的老人们讲，20世纪30年代，黄忠祠还进行了改建，新挂的"威震定军""扶汉辅臣"两块匾额，还是由当时四川陆军第一军军长、著名爱国人士但懋辛题写。很遗憾，黄忠祠和黄忠墓因为种种原因没有保留下来，但是黄忠老当益壮、老而弥坚的形象早已在人们心目中留下了深深的烙印。

如今，从黄忠村延伸出来的黄忠街、黄忠文化广场、黄忠祠游园等地标建筑，仍然在向我们述说着黄忠的功绩与风范——宝刀不老，浩气长存！

杜甫与石笋街

　　成都最有文化味的两座老宅，除了位于金牛区茶店子的扬雄的子云亭，另一个要算是"众筹"而来的杜甫草堂。沿着金牛道从广元方向走过来的杜甫一家人，或许未曾想过，成都不仅是他们躲避战乱的避风港，更是成就杜甫创作巅峰的福地。虽然杜甫只在成都度过不到四年的短暂时光，但他的在这里创作的作品却非常丰富，不仅他的诗歌风格变得清新了，而且内容也丰富多元——有描绘成都人口兴旺繁荣的"城中十万户，此地两三家"，也有赞美成都为音乐之都的"锦城丝管日纷纷，半入江风半入云"，还有反映成都风景如画的"锦江春色来天地，玉垒浮云变古今"……成都不仅带给他极大的创作灵感，也激发了他探索世界的好奇心。他从一个关心国家民生、百姓疾苦的诗人，变成一个热爱自然、走近生活的民风采集者和田野调查者。在两百多首描写成都的诗词中，有一处金牛区的老街被他多次提及。为此，他还发表了一份很有深度的考察报告。这是一份怎样的考察报告呢？

杜甫造像碑 ▶

古老的大石崇拜

从战火纷飞的中原逃往成都，是杜甫的无奈选择。可当他一踏上成都这片神奇的土地，就爱上了这里。作为河南人的杜甫，在看到成都繁华喧闹的都市景象时，不禁感慨："曾城填华屋，季冬树木苍。"这里的深冬时节，树木居然还是绿意盎然。相比他在甘肃一带徒劳奔波的惨状，成都的确让他的心灵获得久违的安宁，他油然而生要在这里安家落户的念头。杜甫在浣花溪旁选了一块地准备盖房，但兜里没钱，只得求人帮忙。好在杜甫人缘不错，靠大家的友情赞助，草堂算是修起来了，而且还把周边环境美化了一番。他的诗记得很详细——"奉乞桃栽一百根，春前为送浣花村"，这是向萧县长要了桃树苗，还记下了时间地点；"华轩蔼蔼他年到，绵竹亭亭出县高。江上舍前无此物，幸分苍翠拂波涛"，这是他向绵竹县令要了竹子；他还向家住石笋街的果园坊园主徐卿索求花果苗……这些事情，全被杜甫记在了小本子里，而且他还写下他第一次与石笋街结缘的过程：

草堂少花今欲栽，不问绿李与黄梅。

石笋街中却归去，果园坊里为求来。

意思是，我特地到您的果园坊来讨求花木，然后经由石笋街回到草堂。这是杜甫诗里第一次出现"石笋街"。

房子修好了，绿化也搞得差不多了，杜甫很开心，多次在"朋友圈"里发动态："旁人错比扬雄宅，懒惰无心作解嘲。"颠簸好些年，终于有了个安乐窝，激动的心情没法掩饰，而且他一有时间就会来个城市深度游。他想走进那些有烟火气的街巷，想看看城市街坊里的人们是怎样生活的。他在经常来往少城的路上，发现老朋友徐卿住的石笋街上矗立着两尊高达数米、形状如笋的巨石，一问来由，原来这就是石笋，石笋街正是得名于此。

杜甫被蜀地的大石文化所吸引，他试图从过去的文献资料里了解这一切。其实，在蜀地百姓中，一直有大石传说，比如大禹的儿子启，传说是从石头中出生的。大石文化体现了蜀人对其祖先及其生存环境的崇拜。现在，成都不少街名也带有"石"字，比如五块石、支矶石、天涯石、大石西路等，还有这里所说的石笋街。在大石文化中，大石遗迹是大石崇拜最切实可感的产物，曾经是成都的一种特殊城市景观。传说石笋有镇水与治水的作用，《风俗记》中就曾这样写道："蜀人曰：'我州之西，有石笋焉，天地之堆，以镇海眼，动则洪涛大滥。'"意思是说，如果有人搬动了石笋，那么洪水就会从"海眼"中冲出来，淹没整个成都，石笋街也因此被笼罩上一层神秘的色彩。

石笋街考察报告

杜甫作为一个现实主义风格的诗人，对真理的追寻十分严谨务实。经过一番实地考察与翻阅资料后，杜甫为这一处遗迹写下了这样的考察报告（《石笋行》选段）：

> 君不见益州城西门，陌上石笋双高蹲。古来相传是海眼，苔藓蚀尽波涛痕。雨多往往得瑟瑟，此事恍惚难明论。恐是昔时卿相冢，立石为表今仍存。

在这份报告中，杜甫介绍了石笋的位置、数量和石笋镇水的传说。他说"海眼"这个说法过于荒谬，认为这对石笋可能只是古代卿相墓前的石表而已，不是什么镇"海眼"的法宝。实际上，杜甫这个说法有历史依据。晋代《华阳国志》就记载说，蚕丛"死，作石棺石椁，国人从之"，这就透露了古代蜀人的石崇拜观念。到了开明王朝时期，崇拜大石的传统习俗更为盛行，"每王薨，辄立大石，长三丈，重千钧，为墓志，今石笋是也"。考古学家童恩正先生也非常认可杜甫的考察研究结果，同时对杜甫这种治学精神尤其称赞，在他看来，"诗人尖锐地驳斥了迷信的传说，希望有壮士将它掷之天外，以免人民再受蒙蔽，这是有进步意义的。特别是早在一千多年以前，他就提出了这可能是古代墓葬的遗迹，更是难能可贵"。

杜甫在他这份考察报告里还提到一个怪现象，石笋街一下雨，这个地方就会有"瑟瑟"出现。这个"瑟瑟"是什么呢？是一种音乐？或者是树叶飘零的声音？都不是！"瑟瑟"这个词是波斯语的音译词（以读音相近的字翻译外族语言而形成的单纯词，比如英语音译词沙发sofa、咖啡coffee等），最早出现在北朝史料《魏书》中，是对来自于中亚、西亚地区的各种宝石、彩色玻璃的统称。杜甫认为既然石笋与丧葬文化有关，说明此处应该有墓葬，这些奢侈的舶来品很有可能成为墓葬里陪随葬的装饰品。据史书记载，从东周时期开始，成都西门多是王侯、富商的聚集之地，他们对于"瑟瑟"的喜爱是相当疯狂的，有钱人都要戴，越有钱就戴得越多。生前戴还不够，这些珠宝饰品还要随葬。看来成都人常说"西贵"的说法，古已有之。

这些"瑟瑟"是如何来到蜀地的呢？可以考证的是，在周代，波斯的"瑟瑟"通过南方丝绸之路运到成都。南方丝绸之路就是历史上不同时期四川、云南、西藏等中国南方地区对外连接的通道。之前在金沙遗址，我们就曾发现来自印度洋沿岸的海贝，杜甫在石笋街发现这些"瑟瑟"，看来也不足为奇。杜甫这首《石笋行》再次证明了成都在南方丝绸之路上所具有的重要地位，而金牛作为南北丝绸之路的交会点，又具有极其特殊的意义。在漫长的历史岁月中，南方丝绸之路不仅是一条重要的国际贸易线路，更是不同民族、不同区域、不同国度之间文化交流、民族融合的重要通道。

杜甫的这份考察报告给后世许多学者与热爱巴蜀文化的人们打开了一扇窗户。在宋代时，有一个名叫何培度的文人，还曾经专门去石笋街探访，不过那时候石笋早就消失无踪，他几次三番调查石笋的下落，都没有结果，他把自己的这次探访过程写成了《成都记》："子美《石笋行》云：在成都西门陌上……今遍问故老于西门外，竟无有也。"自此以后，再也没有人看到过石笋。除了历史记载以外，现在只剩下成都西门的一条街道名叫"石笋街"。如今提到石笋街，很多人的第一反应就是，这里有座著名的小学——石笋街小学。作为成都知名的，这里走出了一代又一代的天之骄子。他们或许也曾幻想过，在这条每天上学、放学都会经过的寻常街道上，会不会和一个操着河南口音的老头儿，一位不人云亦云的田野调查者不期而遇呢？

叶伯和与雍家渡

成都水系发达，城里各种各样大大小小的桥都有属于它自己的故事。单是从金牛区的万福桥、西北桥、北门大桥这些地方的龙门阵中，就能洞见不少成都的过去。要说的这座桥有些特别，倒不是它规模有多宏伟，也不是因为它的历史有多悠久，而是在于它的古老形态在成都这个现代化的都市里，实属少见。就在成都西郊的一个集市尽头，一座铁索桥横跨府河，将金牛区与郫都区连接起来。金牛在这头，郫都在那头。尽管桥下急流匆匆，桥面还有些许摇晃，但往来其中的行人与车辆都十分淡定。这座神奇的铁索桥在哪呢？请在手机地图输入"雍家渡"。

西门第一水码头

金沙桥，金沙路，要淘黄金雍家渡。
雍家渡，淘金忙，攒钱修座大瓦房。

这是一首流传在金牛区的古老民谣，从这首民谣中，我们大概可以知道曾经的雍家渡是个什么模样。曾经的雍家渡人气很旺，汇聚的不仅仅有淘金人，还有各种生意人。宋代以来，川西地区那里如马尔康的商人要往成都贩运木材、药材及土特产等，走水路是最快捷的方式。货物顺着岷江而下，进入府河，然后就在这个雍家渡休息待运，再进入成都城内。同时，成都运往马尔康各县的食盐、布匹等日用百货也在此堆码装船，然后溯河而上。一来二去，这里就成了当时成都非常繁忙的一个货物中转站。据说那时河两岸住着两个很有势力的大家族，一个是今天郫都区安靖镇雍渡村的雍姓大户，另一个是住在河对岸的金牛区青杠村的叶姓大户。两家人琢磨着，来往商人那么多，不如就利用这个位置优势，修建一个渡口，于是这两个家族一拍即合，共同出资修建了这个渡口，因雍姓大户实力更强，出资多，所以渡口称为"雍家渡"，成为西门进出成都的第一水运码头。

本来雍、叶两家各自经营一岸，相处融洽，但不知哪一年，这两家之间发生了一个小插曲，从此有了矛盾。原来是这两个家族里的两个年轻人相爱了。故事情节比较老套，差不多就是从前章回小说里的那些才子佳人相爱，家人反对、离家出走的悲情故事，在此就不再赘述。后来叶姓人家退出了渡口的经营，由雍姓人家掌握独家经营权。到了清朝中期，进出成都西门的码头转到了下游的西北桥，雍家渡由此渐渐消停，而这时的雍、叶两家人为方便两岸百姓来往，重修旧好，再次携手捐资建桥，取名为"古永桥"，算是一种友谊的见证。

现在已经无法知道当年古永桥的模样，但我们可以从下面这段文字中感知一下一百年前的雍家渡是什么样子：

> 离城二十里许，是我们的田庄，有一院中国式金漆
> 细工加上雕刻的宅子，背后是一大森林，前面绕着一条
> 小河，堤上栽着许多杨树、柳树，两岸都是稻田……

当年的雍家渡就像现在遗留在川西坝子上的漂亮林盘一样，有着绿水人家绕的如画景象。为我们提供这些文字证据的人，是一位在雍家渡出生成长的叶家故人，叫叶伯和。作为隐藏的实力派，叶伯和是四川新诗的开山鼻祖，还是四川音乐教育的先驱。这段关于雍家渡的文字，就是叶伯和在1920年的《诗歌集》中对

自己故居的一段描述。

叶伯和所在的叶氏家族在雍家渡一带可谓是书香门第、名门望族。叶伯和的祖父叶祖诚是清光绪年间五品衔光禄寺署正、清诰封朝议大夫，相当于管理食药监的厅级干部。父亲叶大封也很优秀，是成都尊经书院的学生，做过附贡生，还去日本留过学，与巴金的叔父李华峰一起被称为"南北二峰"，在民国年间是成都有名的大律师。不仅如此，叶伯和的母亲也很厉害，是一位抚琴高手，而且他的另一位长辈叶介福还是著名古琴大师张孔山的弟子，曾经整理刊行著名的《天闻阁琴谱》。出生在这样一个家庭，怎么可能不被音乐所熏陶、不被文学所感染呢?

左手音乐发先声

1907年的中国凋零荒凉、满目疮痍，那一年的雍家渡想必也是笼罩在新旧社会变革的愁云惨雾之中。但奋勇抗争的自强声音却一直回响在神州大地，先有女中豪杰秋瑾领导皖南起义，后有四川同盟会策划武装起义。一位在成都西郊出生的少年，在历史的转折中迎来了十八岁的生日。时局混乱，他还来不及为自己的人生做任何的规划，就随同父亲一起东渡日本，开始了"扁舟一叶出夔门，故国山河绕梦魂"的人生之旅。对梦想执着坚持的人，只要恰当的时机来临，最终都将走上他热爱的理想之路。那一年的日本之旅，让一颗深埋在内心的音乐种子，在异国的土地上、在时代的夹缝中发了芽、开了花。这位叫作叶伯和的少年，之前从未出过四川，此次远渡重洋，他的内心受到极大的震撼。在《诗歌集》的自序中，他这样写道：

　　从此井底的蛙儿/才大开了眼界/饱饮那峨眉的清秀/
巫峡的雄厚/扬子江的曲折/太平洋的广阔/从早到晚/在我
的眼前的/都是些名山、巨川、大海、汪洋……

　　父子俩一路辗转到了日本。父亲叶大封希望叶伯和能和他
一样去学法政，做一个务实型人才。但从小就顶着"别人家的孩
子"光环长大的年轻人，并没有如父所愿，而是偷偷去报考日本
最古老的私人音乐学院——东京音乐大学，学习西洋音乐理论及
西洋音乐史，还有钢琴和小提琴演奏。留学期间，叶伯和生活在
音乐的世界中，而且结识了我国早期著名音乐家兼作曲家萧友
梅，和李叔同（弘一法师）也是同学、朋友。虽然这一段留学时
光让他快乐得不知时日，但他明白此时的祖国更需要他。
　　1909年春天，叶伯和携带大量的音乐资料和一把珍贵的小
提琴返回成都，从此他以一位杰出音乐家的身份创造了大量的第
一：他在成都创立"剧部"，第一次培训京剧演员，让本土京剧
演员第一次登上舞台；他出任四川高等师范学校音乐科主任，主

雍家渡铁索桥
▼

持开办了我国大学中第一个音乐专业"乐歌专修班"，亲自教授声乐、器乐、中西音乐史等课程，是中国西部第一个教授西方音乐理论、五线谱、钢琴、小提琴及中西音乐理论的教师，是当之无愧的"新音乐在四川以至西南的启蒙者和奠基人"；他组建了成都第一支中西乐混合乐队，举办了成都最早的声乐演出；1927年，

叶伯和

他在中国西南地区第一次举办了"德国音乐家贝多芬音乐会"；他在成都成立了第一家民间乐社"海灯乐社"等；尤其值得提及的是，他撰写了我国第一部音乐史专著《中国音乐史》。在他看来，"音乐史是研究一般思想史、文明史的重要部分。因为音乐是供给人类精神生活的需要，与衣食住为供给人类物质生活的需求是一样的"。

叶伯和一生从事音乐教育事业和音乐社会活动，他的一生，是为音乐事业奉献的一生，也是追寻自由与科学的一生。他离开我们已经七十五年了，府河岸边又是一年梧桐叶落。站在桥上看风景的人和百年间赶路的脚步依然还在，他的少年时光却永久定格在曾经的雍家渡。叶伯和在这儿读书成长、下河玩耍，可以说是度过了人生中最简单、最快乐的一段日子。只是有点遗憾，叶家老宅现在已经不复存在，唯有铁索桥上停留了过去时光的些许音符。

或许有一天，你会路过这里，你能看到这座特别的铁索桥，你能看到叶伯和先生笔下的川西林盘。

右手诗歌倡白话

> 两个黄蝴蝶，双双飞上天。
> 不知为什么，一个忽飞还。
> 剩下那一个，孤单怪可怜；
> 也无心上天，天上太孤单。

这首叫作《蝴蝶》的诗歌听起来直白得有点像童谣，甚至是打油诗的味道，但是可别小看这首诗，它出自我国著名思想家胡适之手。在倡导"白话文"、领导新文化运动的过程中，胡适出版了中国第一部新诗集《尝试集》，而这首《蝴蝶》——"中国第一首白话新诗"正是出自这里。这首诗在当时也引起了很大争议，不少人说这样的实验作品还不如古体诗。但不管怎样，胡适勇敢地推开了从古体诗到新诗的大门。在"五四"新诗运动中，中国诞生了一批早期白话诗人，比如刘半农、周作人等。在中国西南的成都，叶伯和作为早期白话诗歌实践的先行者和四川新诗的第一人，在那文人大师辈出的年代，他深得蔡元培、周作人等的赞赏。

叶伯和的文学创作与其音乐活动相并而行，他曾经说过："十几岁时远离了我的清洁的乡村，陷入了这繁华的城市，以我活泼的性情，过这样机械的生活，真是不愉快到了极点了！"在这愁闷的日子里，叶伯和不是靠灯红酒绿来一解愁绪，而是把诗歌创作当作一味乡愁的解药，他时常与杜甫、李白在诗海中谈笑风生。一次偶然的机会，一位西方诗人从文学作品中走进了他的生活。在学习英文的过程中，叶伯和在书中遇见了19世纪美国浪漫主义诗人爱伦·坡，通过爱伦·坡，他看到了中国古体诗与西方诗歌的差异，他认为爱伦·坡的诗比很多中国诗"更真实些，缠绵些"。由于这位知音的出现，叶伯和开始对西方诗歌产生兴趣。随着阅读面的扩大，他又喜欢上了泰戈尔，认为泰戈尔的诗"含有一种乐曲的趣味"。从此爱伦·坡和泰戈尔成了他的偶像，他开始尝试将胸中积累多年的澎湃诗情抒发出来。但毕竟他对中国古体诗太熟悉，要如何冲出格律的栅栏进行自由写作呢？叶伯和找到了解开这个问题的钥匙——音乐！是音乐的基因催化出他心中的万千诗情，他将诗歌和音乐融合，打开了通往新诗歌的大门。在诗与音乐的水乳交融下，叶伯和《诗歌集》的自序中提到在就想"创造一种诗体"，"不用文言，白话可不可以拿来作诗呢？"当时，新文化运动正席卷中国，在文学创作方面提倡"八不主义"，其中就提到"不摹仿古人""不讲对仗"，并强调新文学的语言是白话的，文体是自由的，千年的中国古诗迎来了长夜破晓的时刻。可以说，叶伯和的思考与当时整个中国诗歌语言变革浪潮不谋而合。我们来看看中国最早的一首极富成都文化气息的诗，叶伯和的《杜鹃》："杜鹃开，杜鹃啼，花也有此名，鸟也有此名。花开我心喜，鸟啼我心悲。两样物，同样名，一样感触两样情。"

叶伯和尝试用这种创作方式往前走，左手音乐，右手诗歌，1920年5月他出版自己的诗集《诗歌集》和《伯和诗草》。随之而来的是前来向他请教作诗的文学爱好者络绎不绝，这也引起新文化阵营的关注，蔡元培、郭沫若、周作人等都给予他高度的评价，他被称为"成都泰戈尔"。叶伯和身上有着一种探索和创造精神，这种精神让他无论在音乐领域还是诗歌圣坛，都不断创造各种第一。他自费办起四川第一份现代文学刊物《草堂》。这本杂志不仅在成都发售，在北京、上海、广州甚至法国等地都设有代售处。当年十九岁的巴金就在《草堂》杂志上发表过自己的诗

歌和翻译作品，可以说《草堂》是巴金文学生涯的起点，而叶伯
和也是最早发现巴金的伯乐。

令人伤感的是，晚年的叶伯和体弱多病，长期患有严重的神
经衰弱症，家里不断遇到各种不幸和困扰：与他有着深厚感情的
夫人在1940年的成都大轰炸中病逝，他位于指挥街的住宅被窃，
在雍家渡的乡间老屋又遭受火灾，等等。在内战即将全面爆发的
时候，面对国家患难、家庭变故及病痛折磨，叶伯和没有从他所
热爱的音乐与诗歌中获得解脱，而是心情抑郁、难以释怀，最终
在1945年11月6日深夜投井自尽，时年五十六岁。一个为音乐事业
奉献终身、为文学创作呕心沥血的大家，就这样在成都平原的一
个寒冷深夜里悄然陨落。

当那翠影，红霞映着朝阳的时候/仿佛她戴着花冠，
羽饰/穿着黄裳绿衣/亭亭地站立在我的身旁/我想和她接
吻/却被无情的白云遮断了！听呵！山泉儿流着/好像特
为她传电话/小鸟儿歌着/又像是想替她做邮人/我忍不住
了/便大声呼她/但她只从幽深的山谷中/照着我的话儿应
我。

——叶伯和《心乐篇·新晴》

再读叶伯和的诗，他诗中好像飞出了一只萤火虫，用微弱
的光芒划亮了新诗的天空。雍家渡作为他的故乡，收藏有他成长
启蒙的点点足迹，激发了他后来写作的无限诗情，还曾在晚年时
期给予他无限的精神安慰。如今的雍家渡充满家长里短的生活气
息，关于诗和远方的田野，恐怕只能再去叶伯和的《诗歌集》里
寻找了。

大道金丰

图书在版编目（CIP）数据

大道金牛 : 跨越时空的成都文化志 / 中共成都市金
牛区委宣传部，金牛区融媒体中心，东周社编著 . -- 成
都 : 四川文艺出版社，2020.9
　　ISBN 978-7-5411-5787-5

Ⅰ . ①大⋯ Ⅱ . ①中⋯ ②金⋯ ③东⋯ Ⅲ . ①文化史
—金牛区 Ⅳ . ① K297.14

中国版本图书馆 CIP 数据核字（2020）第 165203 号

DADAO JINNIU

大道金牛

跨越时空的成都文化志

中共成都市金牛区委宣传部　金牛区融媒体中心　东周社 编著

出 品 人　张庆宁
责任编辑　荆　菁
封面设计　叶　茂
内文设计　叶　茂
责任校对　段　敏
责任印制　喻　辉

出版发行　四川文艺出版社（成都市槐树街 2 号）
网　　址　www.scwys.com
电　　话　028-86259287（发行部）　　028-86259303（编辑部）
传　　真　028-86259306

邮购地址　成都市槐树街 2 号四川文艺出版社邮购部　　610031
排　　版　四川胜翔数码印务设计有限公司
印　　刷　成都市金雅迪彩色印刷有限公司
开　　本　880mm×1230mm　　　1/32
印　　张　7.75　插页 16　　　字　数　180 千
版　　次　2020 年 9 月第一版　　印　次　2020 年 9 月第一次印刷
书　　号　ISBN 978-7-5411-5787-5
定　　价　68.00 元